VIMALA THAKAR

KRAFT DER STILLE

LEBENDIGE BAUSTEINE

BAND 17

VIMALA THAKAR

KRAFT DER STILLE

*Selbsterziehung
zum meditativen Leben*

2. Auflage

ORIGO VERLAG BERN

Übertragung: Gilda Remscheid und Nelly Roquette

© 1993 by Origo Verlag Bern/Schweiz
ISBN 3-282-00048-0

INHALT

VORWORT

Der Schwierigkeit wegen, das englische Wort «mind» zu übersetzen, sei folgende Ausführung gestattet:

Es gibt im Deutschen keinen Ausdruck, der diesen weiten und komplexen Begriff des «mind» wiedergibt. Das englische Wort «mind», über das lateinische «mens», wahrscheinlich aber ursprünglich vom Sanskritwort «manas» abstammend, wird von der Inderin Vimala Thakar noch weitgehend in dem Sinne des Ausdrucks von «manas» gebraucht. Aber auch im Englischen noch ist das Wort «mind», ähnlich wie im Sanskrit, eine Art Sammelbegriff und bedeutet nicht nur was nach Wörterbuch zu übersetzen wäre mit «Geist, Verstand, Seele, Gemüt, Gedächtnis, Erinnerung, Sinn, Wille, Meinung» etc., sondern es schließt zusammenfassend alle Fähigkeiten, Funktionen und Tätigkeiten des gesamten menschlichen Denkens und Fühlens ein, sowohl im Bewußten, Un- und Unterbewußten. «Mind» umfaßt alles Erfahren, Fühlen und Denken, alles was sich aus der Vergangenheit im Gedächtnis aufgespeichert hat, dort verarbeitet wird und sich als Reflexe, Reaktionen und Impulse offenbart. «Mind» ist der Komplex all dessen, was sich im Mentalen einprägt und abspielt, es ist die gesamte Tätigkeit der vom Gehirn aufgefangenen und verarbeiteten Wahrnehmungen und Sendungen der Nerven und Sinne.

Dieses Unvermögens wegen, «mind» wörtlich zu übersetzen, hat man sich bei der Übersetzung veranlaßt gefühlt, je nach Nuance und Inhalt verschiedene

Ausdrücke zu verwenden, um den Sinn dessen, was die Autorin meint und sagt, möglichst getreu wiederzugeben.

Im Folgenden seien deshalb noch weitere Ausdrücke aufgeführt, die dem Leser im Zweifelsfalle die Möglichkeit geben, die obigen Ausführungen neben den Wörtern des Wörterbuches zum besseren Verständnis zu Rate zu ziehen.

mind = Bewußtsein / denkendes Bewußtsein / Denken und Fühlen / Bewußtes / Unterbewußtes / Unbewußtes / bewußter Geist / Geist und Gehirn / das Mentale / das Rationale / das Vernunftsgemäße / der ich-bezogene Geist / Wesen / das Mental-Rationale / das Gemüt.

DIE MEDITATIVE LEBENSWEISE

Erstes Gespräch in Bilthoven, April 1968

Für alle, die bisher glaubten, sie seien menschliche
Wesen, mag es recht seltsam und unglaubwürdig klin-
gen, jetzt zu vernehmen, daß das Wesen Mensch erst
geboren werden muß.

Das Menschen-Tier hat die Erde seit unzähligen
Jahrhunderten bevölkert – seit rund zwei Millionen
Jahren – aber das völlig zu sich selbst gekommene,
harmonische menschliche Wesen harrt noch der Geburt
aus dem Menschen-Tier.

Diese grundlegende Tatsache übersehen wir, wenn
wir über unsere Probleme nachdenken. Seien sie nun
politischer, wirtschaftlicher, sozialer Art oder Rassen-
probleme, sie bestehen deshalb, weil wir unter dem
Fluch der Zersplitterung leiden. Eine Zersplitterung
nicht ausserhalb von uns, – in uns. Ein Individuum,
das in sich selbst zerrissen ist, kann auch keinen all-
umfassenden Ausblick haben. Erst müssen die Menschen in ihrem Innern ein Ganzes werden. Solange sie
nicht zu dieser Ganzheit gelangen, bleibt auch ihre
Schau ein Stückwerk. Und wenn der eingeschränkte
Blick nur das Teilstück eines Problems erfaßt, so wird
auch die Lösung bruchstückhaft sein, auf welche dann
die ganze Menschheit ihre Aufmerksamkeit und Energie richtet.

Freunde! Eine fundamentale Herausforderung ist an uns gerichtet: Ob wir bereit sind zu einer inneren Revolution. Dann kann das Wesen Mensch in uns geboren werden.

Wir brauchen nicht auf Details einzugehen, welches Spiel die Menschheit während der letzten zwei Jahrhunderte mit verschiedenen Aspekten des individuellen und des sogenannt kollektiven Lebens getrieben hat. Wie sie versuchte, die körperlichen Fähigkeiten zu entfalten, das psychische Leben zu verfeinern und zu kultivieren, wie sie mit okkulten Kräften spielte und sich in sogenannten transzendentalen Experimenten versuchte oder soziale, wirtschaftliche und politische Gesetze aufrichten wollte und auf diese Weise beabsichtigte, die Schöpfung eines neuen menschlichen Wesens und einer menschlichen Gesellschaft herbeizuführen. Wir müssen uns hier auch nicht mit all den Anstrengungen abgeben, die der Mensch in der sogenannt freien, nicht-kommunistischen wie in der kommunistischen Welt auf sich genommen hat. Die Ergebnisse, die Tatsachen, mit denen wir heute leben müssen, zeigen uns, daß der Mensch als einzelner unglücklich ist und sich nicht wohl fühlt. Auch im Kollektiv ist er unglücklich. Er hat das Unterscheiden von Rassen, Farben, Glaubensbekenntnissen, Ideologien, das Anhängen an eine Religion unter Ausschluß aller anderen, und so weiter, nicht überwunden.

Ich nehme an, daß ein paar von uns, die wir hier zusammensitzen, wirklich herausfinden möchten, was in unserem Leben getan werden kann, und es tun. Wir sind nicht hierher gekommen, um akademische, kluge theoretische Diskussionen zu führen, sondern wir sind gekommen, weil wir verstehen, daß etwas mit unserer ganzen Psyche zu geschehen hat. Eine Bewegung im *ganzen* menschlichen Bewußtsein ist nötig. Nicht aber bewußtes Sich-anpassen-Wollen oder Reformen und ein Flickwerk im Un- und Unterbewußten; dies ist nicht gemeint! Mit Psychologie, Psychotherapie, Psychoanalyse und Psychiatrie haben wir Menschen von heute genügend herumexperimentiert. Sie kennen das alles.

Es muß etwas geschehen mit der ganzen psychologischen Struktur der menschlichen Rasse, die scheinbar ihren Sättigungsgrad erreicht hat und auf dem toten Punkt ist, von wo sie nicht weiter findet.

Die Herausforderung heißt also: Gänzliche Umwandlung der menschlichen Psyche. Die Krisis liegt in der Psyche. Im Bewußtsein liegt die Krise, nicht im materiellen, im ökonomischen oder politischen Leben. Alle Gesellschaftsprobleme sind Auswüchse und Projektionen von der Unzulänglichkeit und den Fehlschlüssen des Einzelnen. Kein kollektives Problem – ob politisch, wirtschaftlich oder sozial – besteht unabhängig vom Einzelnen. Es ist das, was der Einzelne daraus macht, eine Widerspiegelung seiner Haltung und Auffassung, die Projektion seiner Bewertung des Lebens. Es sind die Auswüchse seiner Leidenschaften und Triebe.

Bevor wir weitergehen, müssen wir diese Tatsache begreifen, sonst trennen wir das Einzelleben vom Gesamtleben, das Einzelproblem vom Weltproblem und stellen uns beides zwiespältig vor. Wir werden verschiedenartige Mittel ersinnen, um das soziale und das individuelle Problem anzugehen, Werte für dies und jenes aufstellen und somit Spannungen zwischen diesen beiden Strömungen verursachen. Alle Teilung und Aufspaltung, der Zwiespalt und der Konflikt, sind falsch. Die Wirklichkeit des Problems liegt beim Einzelnen. Soziale, ökonomische und politische Beziehungen sind das Resultat der strukturellen Beziehungen des Einzelnen zu seiner Umgebung.

Wer sich dessen bewußt ist, beginnt seine religiöse Existenz. Religion ist die Beziehung zu meinem Körper, meinem Geist, zu den Dingen, mit denen ich umgehe, zur Umgebung, in der ich lebe, zu den Menschen, die mir das Leben entgegen stellt – und das alles zusammen ergibt das soziale Gefüge. Also müssen all der enthusiastische Eifer und das Streben nach sozialen Reformen und sozialer Revolution erst das Leben jedes einzelnen entflammen. Dort muß etwas in Bewegung geraten. Darum sagen wir: Die Krisis liegt in der menschlichen Psyche. Im ganzen menschlichen Bewußtsein muß etwas bewegt werden. Das ganze menschliche Bewußtsein muß in Bewegung geraten.

Wie geht das nun vor sich? Um uns die begriffliche Verständigung sowie das Studium der menschlichen Psyche zu erleichtern, haben wir sie in Bewußtes, Un- und Unterbewußtes eingeteilt. Diese wasserdichten Fächer im menschlichen Bewußtsein sind gar nicht vorhanden; wirklich nicht. Alles ist ein Ganzes. Aber *wir* unterteilen. Und wir haben uns vorgestellt, daß die Widersprüche und Konflikte in uns mit Hilfe des Bewußtseins, des Gehirns und Gedächtnisses, das heißt mit Hilfe des Wissens, gelöst werden könnten. Entdeckung der Wahrheit, persönliche Entdeckung der Freiheit als ureigenste Erfahrung und Entdeckung vom Sinn des Lebens sind sowohl im Osten wie im Westen als Angelegenheit des Bewußtseins behandelt worden. Man hielt es für etwas, das man erreichen, erwerben, besitzen, erfahren und bewahren könne. Und eben es müsse wiederum mit dem Unterbewußten übereinstimmen, müsse dort die Konflikte und Spannungen lösen. So haben wir uns das gedacht. Und auf der ganzen Linie hat der Mensch versagt. Das Unterbewußtsein mit seinen Konflikten und Spannungen kann nicht unterdrückt werden. Es kann nicht einfach weggewünscht und verneint werden.

Sie können das Unterbewußte nicht verdrängen und unterdrücken. Die ungeheuerliche Dynamik der menschlichen Rasse liegt in ihm. Ihr Bewußtsein hat nicht die Stärke, die Kraft, um mit dem Unterbewußten fertigzuwerden. Also alle Anstrengungen, das Unterbewußte zu disziplinieren, zu meistern, zu regulieren, die Triebe, Leidenschaften und den Ehrgeiz in eine Form zu pressen, all das Bestreben nach Beherrschung, Ordnung und Regulierung haben dem Menschen nicht geholfen, einen Zustand gänzlicher Gelöstheit zu erreichen, in dem er entspannt handeln könnte und sein Leben eine spontane, anmutige Bewegung der Gelöstheit und nicht länger angestrengter Bemühung würde.

Befassen wir uns nur mit den grundlegenden Punkten: Auf Einzelheiten, wie die Menschheit versuchte, das Unterbewußte zu meistern, anzupassen und zu erziehen, kann ich nicht eingehen. Es kamen die verschiedensten Methoden an Disziplinen auf. Die Hindus haben ihre Verhaltensvorschriften und Vorbilder, um das

Unterbewußte zu disziplinieren, die Buddhisten und die Katholiken haben die ihren, die Sufis, Moslems, alle haben sie ihre eigenen, bestimmten Muster. Da alle Schulung Macht erzeugt, werden durch sie die menschlichen Anlagen erst richtig entwickelt. So geschulte Geister haben auf der ganzen Welt ungeheure Macht bewiesen, die sogenannten okkulten Kräfte, transzendentale Kräfte und was noch sonst. Aber die Wahrheit hat nichts mit Macht zu tun. Die Schönheit der Wahrheit liegt darin: Daß sie ist.

Durch Schulung geistiger Fähigkeiten haben sich also verborgene Kräfte des Bewußten und Unterbewußten wie auch versteckte Kräfte des physischen Organismus entfaltet. Zum Beispiel wird das Muskel-, Nerven- und Drüsensystem eines Yogi hundertmal kräftiger sein als das eines gewöhnlichen Menschen. Physische und psychische Schulung hat zwar ihre eigens bedingte, relative Nützlichkeit bei den menschlichen Beziehungen. Das hat man eingesehen. Aber nicht einmal an den äußersten Rand des Problems sind wir damit gekommen: An das Problem der gänzlichen Umwandlung der Psyche.

Disziplinen bringen also diese Umwandlung nicht fertig. Sie entwickeln nur eine andere Variante der alten Form. Teilweise Veränderung jedoch ist nicht Umwandlung.

Ich will Ihnen ein Beispiel geben: Wenn mein organisches System dank Disziplin viel besser als Ihres arbeitet, bedeutet das, daß ich meinen Körper verantwortungsvoller behandelt habe. Soweit ist Schulung gewiß nützlich. Aber das hat nichts mit dem Verständnis des Lebens in seiner Ganzheit zu tun. Es ist immer nur ein Bruchstück vom Leben, das ich verstanden habe. Wenn ich durch Disziplin mentale, psychische oder körperliche Kräfte entwickelte oder ausbildete, so ging ich einfach mit dem schönen, komplexen Instrument, – Bewußtsein und Gehirn – das mir anvertraut wurde, gewissenhafter um als andere. Sie kennen das Instrument nicht richtig und haben seine Fähigkeiten und Möglichkeiten nicht erprobt und erforscht. Sie haben es nicht bis zur maximalen Leistung genutzt. Der eine tut's, der andere nicht. Das ist der Unterschied!

Menschen, die sich üben, können innere Kräfte, können Anlagen aktivieren, aber Offenbarungen der psychischen oder Körperkräfte sind nicht Geistigkeit, nicht Freiheit und nicht Befreiung.

Wir haben davon gesprochen, daß der Mensch auf beiden Seiten versagt habe. Dies war die eine Seite. Andererseits meinte man, daß sich Wahrheit oder Wirklichkeit durch den Verstand erwerben lasse. Als die Menschen Körper und Geist geschult hatten, sagten sie sich: «Mit diesem wunderbaren, jetzt so verfeinerten und kultivierten Instrument werde ich das Wissen vom Sinn des Lebens erlangen. Ich werde Erfahrung der Wahrheit und Wirklichkeit besitzen, Befreiung, Nirvana, Moksha, Satori und was sonst noch. Ich werde mir all das durch den Gebrauch dieses so herrlich verfeinerten, sensibilisierten und kultivierten Geistes erwerben.»

Unglücklicherweise aber widersetzt sich das Leben allem Haben. Besteht doch die Schönheit der Freiheit, der Segen der Befreiung darin, daß sie nicht erworben, nicht erkauft werden können. Sie lassen sich durch keine andere Währung erwerben; selbst wenn Sie die Währung der Visionen und transzendentalen Erfahrungen in Umlauf bringen. Diese Währung bedeutet gar nichts im Reich der Freiheit, der Befreiung oder Umwandlung des Bewußtseins. Diesen Punkt möchte ich ausdrücklich betonen, denn in der unsichtbaren und subtilen Sphäre des Bewußtseins ist die Versuchung, nach Besitz zu jagen, noch viel mächtiger als in der materiellen und wirtschaftlichen Welt. Der Mensch hat die Grenzen der Sinnesfreuden erkannt, und die junge Generation von heute stellt nun auf der ganzen Erde der unsichtbaren Welt nach, in der Vorstellung, daß Freiheit sich erwerben lasse. Die Jugend versucht durch Drogen und Mantras ihr Bewußtsein zu erweitern, als ob Wahrheit etwas wäre, das man erreichen, besitzen, erfahren könne. Wahrheit kann nicht erfahren werden. Erfahren ist ein Bewußtseinsakt. Erfahrungen setzen jemanden voraus, der erfährt, und etwas, das erfahren werden kann. Man benötigt dazu den Verstand, der mit Hilfe der Sinnesorgane erfährt. Aber auch ohne ihre Hilfe kann man Erfahrungen machen.

Sinnesorgane sind nicht unbedingt unerläßliche Werkzeuge für Erfahrungen. Ich hoffe, daß Sie wissen, daß außersinnliche Wahrnehmungen, Hellsehen und Hellhören sehr normale und einfache Dinge in der psychischen Welt sind. Sie sind möglich. Für den, der sie fühlt, der sie sehen möchte, sind sie da. Aber Freiheit und Befreiung, fundamentale Revolution und vollkommene Umwandlung kann durch diese Mächte nicht erlangt werden. Hier führt kein Weg weiter. Der Mensch hat ihn ausprobiert. Alle Anstrengungen, Freiheit durch Disziplin zu erwerben, endigten in der Trunkenheit von Visionen und ähnlichen Erfahrungen.

Und der Mensch bleibt darin stecken. Dann sagt man: «Meine Art von Erfahrung ist Ihrer überlegen», und der nächste behauptet, seine transzendentalen Erfahrungen seien besser als die eines anderen. So geht das in der Welt vor sich. Dutzende von Yogis wandern über die Erde, reden von Freiheit und Befreiung! Als ob das mit dem Verstand erreicht werden könnte! Durch diesen jämmerlichen, geringen menschlichen Verstand, gefangen in den Erfahrungen eines Individuums auf animalischer Stufe! Dieser jämmerliche, geringe Verstand, der eine Verdichtung von Wissen, Erfahrung und Gedächtnis ist. Was er auch tun mag, die Wirklichkeit liegt nicht in der Reichweite des menschlichen Verstandes.

Wenn Wahrheit und Befreiung nicht erworben werden können, wenn gänzliche Umwandlung keine mentale Tätigkeit, auch kein Willensakt ist, wenn sie nicht durch Schulung des Unter- und Unbewußten besessen oder dort durch eine Harmonisierung von beiden zustande gebracht werden kann, wo ist dann ein Ausweg? Führt ein Weg aus der Sackgasse, in welcher der Mensch von heute stecken geblieben ist? Das ist das Problem.

Es scheint, daß es einen Ausweg gibt. Nicht durch Erwerb und Besitztum noch durch Unterdrückung, Verdrängung oder Disziplinieren, sondern durch die meditative Lebensweise.

Und die Möglichkeiten in dieser meditativen Lebensweise wollen wir zusammen suchen. Wenn ich sage, daß es sie gibt, so kann ich mich irren. Ich lasse Sie

einfach teilhaben an dem, was ich sehe. Ich teile mit
Ihnen, was in meinem Leben geschehen, was mir be-
zeugt worden ist. Wenn ein Mensch Zeuge wurde vom
Geschehen in sich selbst, bedeutet das nicht auch, daß
die ganze Menschheit dazu fähig ist und zum Durch-
bruch kommen kann? Diesen Weg möchte ich als die
meditative Lebensweise bezeichnen.

Die Verständigung durch eine Sprache ist sehr un-
vollkommen. Worte sind nützlich, wenn man sie in der
Wissenschaft oder Technik anwendet oder im Bereich
der Psychologie, Literatur und Musik. Aber die Dimension des Lebens, die wir erforschen möchten ist so,
daß alle Worte in allen Sprachen unzulänglich und
nicht ausreichend sind. Wir werden also vorgehen im
Bewußtsein, daß die Verständigung durch Worte stets
unzureichend ist.

Meditation ist eine Lebensweise. Sie ist kein Willensakt, kein Bewußtseinsakt. Sie können sich nicht
niedersetzen und sagen: «Jetzt will ich eine Stunde
meditieren.» Sie können sich konzentrieren. Konzentration ist ein Bewußtseinsakt. Natürlich wissen Sie,
was Konzentration ist: Die Aufmerksamkeit wird wie
durch eine Linse auf einen Punkt konzentriert, bis zum
Ausschluß des ganzen übrigen Lebens. Das ist Konzentration. Konzentration ist eine ausschließende Tätigkeit, Meditation hingegen ist all-einschließende Aufmerksamkeit.

Wissen Sie, Sie müssen vollkommen gegenwärtig sein,
wenn die Aufmerksamkeit Wirklichkeit wird. Sie können nicht sagen: «Ich will aufmerksam sein.» Handeln

kann man nur auf der Ebene des Bewußtseins. Sobald die Totalität Ihres Seins in Aktion tritt, dann geschehen die Dinge ganz von selbst.

Meditation ist also ein Seinszustand. Deshalb sagte ich, die meditative Lebensweise könnte der Ausweg sein. Nicht durch den Verstand leben, das Leben nicht mit dem Verstand angehen, der sich nur in einem einzigen Geleise bewegen kann. Sie wissen ja, wie der Verstand oder das Gehirn arbeitet. Das Gehirn, der Verstand arbeitet in ganz bestimmten, festgelegten Geleisen: Ihre Sinnesorgane nehmen Kontakt mit dem Äußerlichen der Welt, die Empfindung wird aufgefangen, dem Gehirn zugeleitet, und das Gehirn legt die Sinneswahrnehmung auf seine eigene, schon vorgeprägte Weise aus. Ein in Indien geborener Hindu lebt nach dem Muster seiner Bedingtheit. Das Gehirn bezieht sich darauf. Ein im Mittleren Osten lebender Araber ist auf vollständig andere Weise geprägt. So kommt es, daß vielleicht genau dieselbe Sinneswahrnehmung vom Araber und vom Israeliten auf ganz verschiedene Weise ausgelegt wird. Gehen wir nach dem Westen! Bei den Christen sind Verstand und Gehirn schon seit Jahrhunderten von einem ganzen Muster von Einritzungen geprägt. Deshalb werden die gleichen Tatbestände, die gleichen Sinnesreize nicht nur ganz andersartig aufgefaßt, sondern auch beantwortet werden. Gehen wir nach Osteuropa: Die Vorbilder in den sogenannten kommunistischen Ländern sind dort nochmals anders. Dort werden dieselben Tatsachen und Sinnesreize von einem fanatischen Kommunisten wieder ganz andersartig ausgelegt. So haben wir also eine Vielzahl von Verhaltensmustern, viele Arten von Reaktionen und Auslegungen bewußter und ungewollter Reflexe.

Für den Verstand gibt es keinen anderen Weg. Die Sinnesreize werden aufgenommen und je nach den Schablonen ausgelegt, und dementsprechend lautet die Antwort. So verhalten wir uns.

Manche Verhaltensmuster sind so mit uns verwachsen, sie sind uns derartig in Fleisch und Blut übergegangen, daß das Bewußtsein bei den Impulsen und Reflexhandlungen nicht einmal mehr mitzuspielen braucht. Man reagiert, ohne daß die Vernunft sich einmischt. Das Unterbewußte kommt auf, und schon antwortet man. Man besinnt sich nicht lange und denkt: «Jetzt werde ich mich ärgern», und danach: «Dem Ärger entsprechend werde ich handeln.» Nein, der Ärger ist schon da! Aus Ihrem Unterbewußten ist er vehement ausgebrochen. Unser ganzes Fühlen und Denken kann gar nicht anders als durch die Rinne der Sinnesreize, durch eine dem Gedächtnis entsprechende Interpretation und durch Anpassung handeln. Es ist ganz einfach und ganz klar.

Wenn also Ihr Unterbewußtes reagiert, ist dies nicht die Gesamtheit Ihres Seins. In Ihrem täglichen Leben müssen Sie es schon viele Male bemerkt haben, daß, wenn Sie reagieren, Ihr Intellekt Ihnen sagt: «Diese Reaktion ist falsch.» Ein Teil Ihres Bewußtseins hat nur reagiert, ein anderer hat auf diese Reaktion geantwortet und sie mißbilligt. Manchmal gehorchen die Impulse dem Intellekt, und manchmal wird der Intellekt zum Sklaven der Impulse, Triebe und Begierden. Er wird unterdrückt und erstickt. So geht das vor sich, ganz gleich ob es sich um das Tragen eines Sommerkleides, den Gang zum Friseur oder um die Ferien handelt, immer entspringt dieses Hin und Her einem Teil Ihrer Persönlichkeit und nicht Ihrem ganzen Wesen. Wogegen in der meditativen Lebensweise die Gesamtheit des Seins in jeder Antwort auf jede Bewegung des Lebens in Ihnen selbst und außerhalb von Ihnen wirksam ist.

Damit Ihr ganzes Wesen wirken kann, müssen Sie erstens tatsächlich einsehen, daß Verstand und Gefühl nur ein Teil und nicht die Totalität Ihres Seins sind, und zweitens, daß es noch andere Arten von Reaktionen gibt als die des Gefühls und Verstandes. Drittens müßte sehr klar begriffen werden, daß – wenn dieser in Jahrhunderten durch Tradition und Religion, durch die Gesellschaft und psychologische Verhaltensmuster geprägte Sinn schweigt – eine solche Stille nicht Leere oder Hohlheit bedeutet und das Handeln nicht lähmt. Wir müssen die Tatsache einsehen, daß das Stillstehen von Denken und Fühlen eine Dimension des Lebens bedeutet, die ihre eigene Dynamik hat.

Diesen Punkt möchte ich unterstreichen, denn die Menschen haben versucht, das Bewußtsein durch Gewalt still zu machen. Durch gewaltsames Stillemachen des Bewußtseins erreicht man keine wirkliche Stille. Wenn ich etwas herunterleiere, bestimmte Worte wiederhole und durch biochemische Effekte von Klangvibrationen gewisse Wirkungen begünstige, kann ein künstlicher Zustand von Frieden herbeigeführt werden. Wenn ich Drogen wie LSD, Siliciben oder Mescalin konsumiere, stellt sich eine vorübergehende Erweiterung des Bewußtseins ein. Solche künstlichen Zustände kann man schaffen und stimulieren. Aber das meine ich nicht. Stille durch Gewalt, durch Unterdrückung und Ersticken erreicht, ist keine Stille.

Lassen Sie das Bewußtsein gesund, stark und fruchtbar sein in allen seinen Fähigkeiten und doch still sein. Das ist lebendige Stille. Völlige Stille von Denken und Fühlen ist eine Dimension des Lebens, die wir bisher noch nicht erforscht haben. Diesen Faktor muß man wahrnehmen, es ist der Kernfaktor. Ich kann Ihnen versichern, daß Stille hundertmal kraftvoller und dynamischer ist als Beredsamkeit und als alle Sprachen der Welt. Die Dynamik der Stille ist ungeheuerlich. Man hat das Atom gespalten und entdeckt, welche Macht es enthält, aber wenn im Menschen die Explosion der Stille stattfindet, verursacht sie eine völlige Revolution.

Ich möchte Ihre Zeit nicht damit beanspruchen, Ihnen etwas aus Büchern zu zitieren oder Dinge berichten, die man gehört hat. Ich teile den Atem meines Lebens mit Ihnen, teile mit Ihnen, was sich ereignet hat und was sich ereignen kann.

Wir wollen nächstens darauf eingehen, welche Bedeutung die Gesamtheit der meditativen Lebensweise hat. Dies war nur eine Einführung. Ich will diese Zusammenkunft mit dem letzten Punkt beenden: Das Stillstehen des gänzlichen denkenden Bewußtseinsfeldes lähmt das Handeln nicht, man zieht sich nicht von der aktiven Welt zurück, in der Stille wird keine Ihrer Fähigkeiten betäubt. Im Gegenteil, der Stillstand jeglicher Bewußtseinsaktivität regt Ihr *gesamtes* Sein an, jede Pore wird lebendig. Es ist darum ein enormes Ereignis, wenn das ganze Sein in Aktion tritt und sich mit dem Leben bewegt. Jede Bewegung schafft Umwandlung. Die Forscher der Physik und Nuklearphysik wissen das. Jede Bewegung im Atom bewirkt eine qualitative Änderung in der Substanz, aus der es besteht.

Erkennen Sie, was es heißt, wenn Stille das ganze Sein durchdringt? Das heißt Klarheit. Wenn der ganze Sinn still wird und alles davon durchdrungen ist, wenn man keine Motive, keine Ziele vor sich sieht, nichts mehr zu gewinnen und nichts zu retten hat, arbeitet kein Abwehrmechanismus. Ihr ganzes Wesen ist sich dessen klar bewußt, was innerhalb und außerhalb Ihrer selbst vorgeht, von Kopf bis Fuß. Und so werden Sie selbst mit Leib und Seele zur Bewegung der Erkenntnis. – Oh, welche Schönheit, wenn man sie nur beschreiben könnte!

Lassen Sie uns noch einmal Rückschau halten auf das, was wir bearbeitet haben: Wir begannen damit zu sagen, daß die Menschheit die Probleme des Lebens des Einzelnen und die des Kollektivlebens nicht lösen konnte, denn immer noch ist die Erde vom Menschen-Tier und nicht vom Wesen Mensch bevölkert. Der wahre Mensch harrt noch seiner Geburt. Also heißt der herausfordernde Anruf: «Bin ich bereit zu dieser inneren Revolution, auf daß das Wesen Mensch in mir geboren werde? Bin ich bereit für eine solche radikale Revolution, eine solche Umwandlung?»

Dahin geht der Anruf! Er heißt totale Umwandlung des menschlichen Bewußtseins. Wir sagten, bisher hätte der Mensch die Probleme nur fragmentarisch angegangen. Wahrheit und Befreiung seien Zweck und Objekte gewesen, die vom Verstand erworben und erfahren werden wollten. Um sogenannte religiöse Erfahrungen zu machen, hielt man es für notwendig, sich mit dem Unterbewußten zu befassen und es zu disziplinieren. Der Mensch versuchte es auf diese Weise. Aber es verhalf ihm nicht dazu, frei zu werden. Der Mensch versuchte Wahrheit zu erwerben, Wahrheit und Freiheit zu erfahren. Diese Bemühungen halfen ihm nicht.

Sind wohl all die kühnen Menschen vom Ende des zwanzigsten Jahrhunderts, die in den Weltraum fliegen und in die Tiefen des Ozeans tauchen – die sich gegen jedes Vorbild von Tradition auflehnen – ist wohl die heutige Jugend und sind alle Sensitiven und Wachsamen, alle Menschen, die sich wirklich vom Problem betroffen fühlen, gewillt einen neuen Weg zu finden, um mit den Problemen fertig zu werden? Gibt es überhaupt einen Weg? Und wenn, welcher ist es?

Ich ziehe Sie ins Vertrauen und sage, es gibt ihn: Es ist der Weg der meditativen Lebensweise. Meditation ist eine bestimmte Weise zu leben.

Wir unterschieden die Meditation von der Konzentration und nannten die Meditation all-einschließende Aufmerksamkeit, einen Zustand des Seins, wo jeder Augenblick *all-einschließende Aufmerksamkeit* ist.

DIE TOTALE REVOLUTION

Inzwischen ist uns bewußt geworden, wie dringend notwendig eine radikale, fundamentale Revolution ist, damit wir frei werden von allen Spannungen, Konflikten und Widersprüchen, die das Leben mit sich bringt.

Um die Dringlichkeit zu erkennen, müssen wir die Situation klar sehen – weder auf emotionale noch auf intellektuelle Art. Diese Dringlichkeit einer völligen Revolution in Ihrem ganzen Wesen wahrzunehmen, ist sehr wichtig. Wenn wir nur intellektuell oder gefühlsmäßig begreifen, könnten wir auf einen Irrweg geführt werden. Wenn wir das Unumgängliche einer völligen Revolution nur intellektuell auffassen, machen wir daraus eine Idee, einen Begriff. Und man hat so gern eine andere Idee, um von der alten loszukommen! Intellektuelles Erforschen führt uns meistens auf die Suche nach neuen Theorien, Ideen, Vorstellungen und Ideologien. Und wenn man das Problem der völligen Revolution nur gefühlsmäßig angeht, kann es zur Suche nach einem neuen Verhaltensmuster führen.

Es ist also äußerst wichtig, dieses Problem der Revolution nicht intellektuell und nicht emotional anzugehen. Es darf uns nicht in Spannung und Erregung bringen. Wir wollen keine intellektuellen Anregungen davon erwarten und um die Welt wandern, damit neue Theorien und neue Lebensweisen erfunden werden. Ich meine weder das intellektuelle noch das gefühlsbetonte Verständnis der Situation, wenn ich von der dringen-

25

den Eile einer radikalen Revolution in unserem Leben spreche. Sie muß *heute, jetzt, zu dieser Stunde, in dieser Minute* geschehen.

Wissen Sie, was geschieht, wenn Ihr ganzes Wesen die Dringlichkeit erfaßt, also Ihren Geist und Gehirn, das Nervensystem, und so weiter? Solches Begreifen eliminiert aus Ihrem Bewußtsein den Zeitfaktor. Andernfalls lassen Sie sich in ihn verwickeln und sagen: «Ja, eine Revolution ist nötig. Ich werde also einen neuen Weg ausfindig machen, eine neue Theorie und darin langsam fortschreiten.» Aber nur das Begreifen der Dringlichkeit kann den Zeitfaktor ausschalten. Und bevor ich ihn nicht vom Bewußtsein ausgeschlossen habe, kann ich mich nicht von der Gewohnheit des Aufschiebens befreien.

Das Befriedigen und Stillen seiner physischen Bedürfnisse zögert der Mensch nicht hinaus. Der Hunger will gestillt sein. Wenn Sie durstig sind, müssen Sie Ihren Durst mit Wasser löschen. Aber die vergangenen Jahrhunderte haben den Menschen in psychologischen Belangen so geformt und bedingt, daß er immer noch weiter aufschiebt. Wenn er Angst hat, sagt er: «Ja, schrittweise werde ich diese Angst überwinden.» Wenn er voller Gewalt steckt, sagt er: «Ich werde die Gewalt durch eine Technik, Schulung oder durch eine Methode langsam überwinden.» Dieses Aufschieben von Handeln in psychischen Problemen, das ist die Krankheit im menschlichen Bewußtsein von heute.

Dank Wissenschaft und Technik hat man die Gewohnheit, physische Probleme hinauszuschieben, überwunden. Die Medizin und Biologie helfen, den physischen Schmerz, Krankheit und Leiden zu besiegen. Das hat der Mensch gelernt. Aber in bezug auf psychische Probleme muß er noch lernen. Er muß sich von der Gewohnheit des Aufschiebens freimachen, wie auch von der Manier, sich in das Netz von Idealen, Theorien und Gewohnheitsvorstellungen zu flüchten.

Trotz aller Lehrer und Erlöser, aller Religionen und spirituellen Sekten, aller Muster von Disziplin, steht der Mensch noch immer im Krieg mit sich selbst. Das Menschenherz ist ein Schlachtfeld von Verlangen, Leidenschaften, Widersprüchen und Spannungen. Und diesem Krieg gegen uns selbst muß zuerst Einhalt geboten werden. Die äußeren Kriege sind nur die Projektionen und Folgerungen dieses Krieges in uns selbst. Wir tragen eine Saat von weltumfassender Gewalt in uns. Wir tragen die Saat von Rassenhass und Verbitterung in uns. Schauen Sie, das menschliche Bewußtsein, so wie es heute ist, ist immer noch die Brutstätte allen Elends und allen Leides. Deshalb ist es unerläßlich, uns nicht im Netz der Auswege fangenzulassen, Auswege, mit denen uns die Religionen, Ideologien und Theorien versorgen.

Wir müssen die Notwendigkeit des Problems einsehen und auch den Ernst dieses globalen menschlichen Leidens, des krankhaften menschlichen Bewußtseins auf der ganzen Welt. Bis wir es nicht wie den physischen Schmerz in unserem eigenen Zeh fühlen, bis wir es nicht wirklich wie diesen Schmerz empfinden, kann die neue Dimension nicht in Bewegung geraten. Nur das Erfassen der Dringlichkeit des Problems, nur das kann die notwendige Leidenschaft und Intensität in uns wecken, eine Intensität, die nicht mehr bis zum nächsten Tag, zur nächsten Woche, zum anderen Monat oder Jahr warten will. Sie muß in diesem Moment jede Pore unseres Seins erregen. Darum sage ich hier: «Wenn doch nur wir, nur ein paar von uns, den Ernst der Situation begreifen würden und die Todesangst so echt wie einen leiblichen Schmerz fühlten, dann könnte etwas zu wirken beginnen.»

Gesamthafte Annäherung geschieht nicht mit dem Intellekt, nicht durch das Gefühl.

Wir haben gesehen, daß die menschliche Psyche im heutigen Zustand mit ihrer Prägung von Jahrhunderten das Problem nicht lösen wird. Wenn wir das wirklich eingesehen haben, ergibt sich daraus ein Anderes: Es fängt tatsächlich eine neue Bewegung in uns an. Wenn wir wirklich eingesehen haben, daß uns zur Lösung unseres Problems weder das menschliche Bewußtsein von heute noch all unser Geist, das Gehirn, das Bewußte und Unterbewußte und Unbewußte hilft, welche Folgerung können wir dann daraus ziehen? Zu welchem Resultat führt die klare Einsicht, daß die menschliche Psyche bedingt ist, daß sie so das Problem nicht lösen kann, daß sie dieser Arbeit nicht gewachsen ist? Ein solches Verständnis erzeugt einen Seinszustand, der uns nicht mehr an irgend eine Idee, eine Theorie, Religion, Nationalität oder an irgend einen Staat bindet. Es bringt einen Zustand von Ungebundenheit, einen Zustand von *Nicht-Identifizierung* hervor.

Zur wirklichen Forschung sind wir noch gar nicht frei, wir sind an irgend etwas gebunden. Wir sind an eine Philosophie, Theologie, Ideologie, eine Disziplin gekettet, die Lehrer, Erlöser oder eine Heilige Schrift für uns festgesetzt haben. Sie kennen das alles. Wir sind zum Forschen gar nicht frei. Die Gesellschaft, die wir geschaffen haben, hat unser Forschen bedingt, eingeengt. Jeder von uns ist in irgend einem bestimmten Land geboren, wir wachsen in einer Religion auf, wir gehören gewissen Gemeinschaften an und sind daran gebunden. So wird unser Forschen nur zu einer Ausdehnung der Bedingtheit, in der wir erzogen worden sind. Im Moment, wo wir sehen, daß alle diese Bedingtheit uns nicht weiterhilft, identifizieren wir uns selbst nicht mehr mit den uns angelernten und anerzogenen Dingen. Mit anderen Worten: Wir müssen alles verlernen.

Heutzutage leben wir in einem Zustand von Selbsthypnose. Wir meinen, daß wir so, wie wir heute sind und wie unser Geist beschaffen ist, forschen können, daß der Verstand, von Wissenschaft und Erfahrung entwickelt, uns in die Sphäre des Unbekannten führen wird, und daß wir mit all dieser Belastung den Gipfel erklimmen können! Darin liegt die Selbsthypnose. Es ist der Versuch, das Gelernte den bestehenden Beziehungen anzupassen. Aber das ist keine Forschung. Jedoch im Moment der Erkenntnis, daß die Psyche einem bei der Lösung des Problems nicht hilft, tritt ein Zustand ein, wo man sich mit seinem Wissen nicht mehr identifiziert.

Freiheit ist nichts anderes als ein Zustand der Nicht-Identifizierung. Sie ist ein Zustand der *Ungebundenheit*. Erst wenn ich nicht mehr als Hindu, Christ, Theosoph, Krishnamurtianer, Holländer, Weißer, Farbiger oder Neger untersuche, erst dann kann wahre Forschung stattfinden.

Wenn wir uns aufrichtig prüfen, sehen wir, daß unser Verhalten vom Morgen bis zum Abend die Widerspiegelung unserer Identifizierungen ist. Diese Bindung an das Bekannte, die Identifizierung bedeutet Gebundenheit. Sie ist ein Gefängnis, und kein anderer kann es für uns aufbrechen. Es ist eine von uns selbst geschaffene unsichtbare Gebundenheit, es sind die Grenzen und Schranken, die uns gefangen halten.

Wenn man wirklich sieht, wie unnütz alles vom Verstand Zusammengefügte und von den Gedanken Aufgebaute ist bei der Entdeckung vom Sinn des Lebens und bei der Lösung unserer inneren Konflikte und Widersprüche, werden wir in einen Zustand von Nicht-Identifizierung geführt, der der Inhalt der Freiheit ist. Das ist Befreiung.

Während Tausenden von Jahren hat man diesen Zustand der Freiheit und Befreiung mystisch verhüllt, als ob er Privileg von ein paar wenigen Auserwählten sei und ihn als etwas Mystisches dargestellt. Lassen Sie sich von mir versichern, daß nichts Mysteriöses an der Freiheit ist. Sie ist so einfach wie ein Grashalm, der sich im Winde wiegt, so einfach wie eine Knospe, die zur Blume erblüht.

Wenn wir die Begrenztheit der menschlichen Psyche wirklich verstehen, wird ein Zustand von Ungebundenheit geschaffen, der Bescheidenheit ist.

Ich möchte noch anders auf diesen Kernpunkt eingehen: Ein Zustand von Ungebundenheit, von Nicht-Identifizierung gipfelt in Stille – Stille, die nicht Untätigkeit bedeutet, nicht dem Geist abgerungen wurde, sondern ein spontanes Aufhören der Verstandestätigkeit ist. Und wohlverstanden, dies ergibt sich unmittelbar. Keine Zeitspanne liegt zwischen dem Verstehen und der Übertragung ins tägliche Leben. Es ist wiederum ein Märchen zu glauben, daß Sie zuerst verstehen und dann Ihr Leben diesem Verständnis anpassen müßten. Dies ist eine der schwerwiegendsten Illusionen, die der menschliche Geist gehegt hat, um seine Trägheit zu verteidigen. Trägheit und Schwerfälligkeit sind wie Lepra. Sie dehnen sich aus auf Ihr ganzes Sein. Schwerfälligkeit von Leib und Seele enden mit gewohnheitsmäßigem Aufschieben. Und dieses Aufschieben wird zur Theorie mit vernunftsmäßigen Erklärungen, man rechtfertigt sich. Oh, Sie kennen ja dies ganze Elend!

Ich habe versucht, mich Ihnen mitzuteilen, und diese begriffliche Verständigung ist äußerst schwierig. Ich habe versucht zu zeigen, daß das Verständnis der Grenzen und der Gebundenheit Ihrer Psyche, der konditionierten Natur Ihrer Psyche, ein unwillkürliches Ende der Verstandestätigkeit bewirkt.

Soll ich Ihnen ein Beispiel nennen? Wenn ich am Morgen aufstehe und meine Frau sehe, meinen Mann, mein Kind, und nicht begriffen und verstanden habe, daß sie sich nicht verstandesmäßig erfassen lassen, und ich somit nur das Bild sehe, das sich mein Verstand von ihnen schuf – ich sie also durch die Brille meiner Beurteilung, meiner Vorurteile, meiner Vorliebe und Abneigung, mit dem Maßstab und in der Einschätzung meiner Sinne sehe – solange schaue ich sie in Wirklichkeit gar nicht an. Ich versuche nur, mich selbst in sie hineinzuprojizieren, und zwar gerade nur so weit und so viel, wie mir die anderen den Selbstbetrug und die Projektion gestatten. Dann sage ich: «Ah, ich liebe ihn und er liebt mich», und wenn sich jemand gegen diese Projektion wehrt, sage ich: «Das Verhältnis zwischen uns beiden ist gespannt.» Solange ich einen Menschen mit dem ich-bezogenen Bewußtsein sehe, sehe ich ihn in Wirklichkeit gar nicht. Wenn ich das begreife, dann erwacht in diesem Augenblick der Aufmerksamkeit eine Bescheidenheit, und aus dieser Bescheidenheit schaue ich auf meinen Mann, meine Frau, mein Kind; eine Bescheidenheit, die Stille ist. Ich schaue auf sie in einer Gedankenleere, die wir nicht mit dem Nichts verwechseln dürfen. Leere ist keine Muße. Das sind negative Begriffe. Im Moment, da das denkende Bewußtsein schweigt, wird das ganze Sein aktiv. Und von dieser *Ganzheit* her erblicke ich den Partner. *In der Stille wirkt die Gesamtheit Ihres Wesens,* und dann werden Sie einen neuen Menschen entdecken. Versuchen Sie es einmal. Sie werden den Menschen, der mit Ihnen lebte, der für Sie kochte oder das Geld verdiente, neu entdecken. Ihr Schauen wird voll Frische sein, Ihr Blick wird frisch sein, und Frische wird den Menschen umgeben, der mit Ihnen ist. Sie werden sagen: «Donnerwetter, diesen Menschen habe ich noch nie gesehen.»

Wir sind so egozentrisch, daß unsere Wahrnehmungen es auch sind, und ein egozentrischer Mensch kann niemals die Wirklichkeit des Lebens wahrnehmen; er kann in keine Beziehung zum anderen menschlichen Wesen treten. Er ist so mit sich selbst beschäftigt, mit seinem Ego, seinen Vorlieben und Abneigungen, seinen Gedanken und Gefühlen, und liebt die Welt nur, wenn sie ihm erlaubt, alles nach außen zu projizieren. Auf diese Art leben die meisten von uns. Wir schaffen einen Wall von Widerständen, und die Anpassung an gegenseitigen Widerstand nennen wir Beziehung. So ist die Struktur der menschlichen Verbindungen. Ich gleiche einige meiner Vorurteile und Vorlieben den Ihrigen an, und Sie machen es ebenso, und das Ganze nennen wir eine Familie, das nennen wir Freundschaft. Darum sagte ich, daß das Wesen Mensch noch geboren werden müsse. Nur Bruchstücke davon hat das Menschen-Tier, das die Welt bevölkert hat, bisher hervorgebracht. Manchmal sind es entzückende Bruchstücke, aber ein harmonisches, in sich selbst vollkommenes Wesen Mensch harrt noch seiner Geburt. Erst dann wird es eine menschliche Religion, und erst dann kann es eine menschliche Gesellschaft geben.

Ein anderer, neuer Lebensbeginn ist durchaus nichts Utopisches. Er ist möglich, er geschieht. Das Stillestehen des Denkens, was zugleich Bescheidenheit ist, schenkt Ihnen eine neue Dimension des Lebens. Sie werden zugeben, daß wir zwar existieren, aber nicht leben. Nur in seltenen Augenblicken kennen wir Frieden und Harmonie – nur in Momenten, die nicht infiziert sind durch den bewußten Verstand und nicht angesteckt von der Berührung der Emotionen und Gedanken.

In Bescheidenheit miteinander verbunden sein, in einer Ungebundenheit und ohne Anpassung, das ist die meditative Lebensweise. Wenn ich dann einen Menschen betrachte, ist es nicht mit einem Zweck verbunden. Ein Seinszustand ohne Beweggrund ist Liebe, nicht wahr? Dann verlangt man nichts vom anderen. Die meditative Lebensweise erblüht in Liebe und Zuneigung.

All das ist eine experimentelle Wissenschaft. Man muß es erproben, nicht nur Worten zuhören und Bücher lesen, sondern wirklich jeden Moment des Lebens ausprobieren. Im Stillestehen der mentalen Tätigkeit beginnt die Liebe in Ihrem ganzen Wesen zu wirken. Dann sind Sie mit dem anderen verbunden, ohne daß ein Motiv Sie antreibt.

Diesen Zustand kennen wir heutzutage nicht. Hinter jedem unserer Worte steckt ein Zweck. Jede Bewegung ist von etwas, was wir suchen, was wir wünschen, motiviert. So ist Handlung für uns eine Bewegung geworden, die einem Zweck entspringt. Sie werden das einsehen wie ich: Das ist keine wahre Handlung. Jede Handlung, die einem Motiv entspringt, ist eine Reaktion auf das Motiv und keine Handlung im wahren Sinn. Wir wissen also nicht, was Handlung ist. Die dem Motiv entsprungene Bewegung ist eine Reaktion auf das Motiv und deshalb absolut keine kreative Bewegung. Man dreht sich im Kreis innerhalb der Beweggründe und des Egos. Bei einigen Menschen ist die Peripherie klein, bei anderen größer. Die Ausdehnung der Peripherie aber befreit uns nicht vom Mittelpunkt des Egos.

Wir aber beschäftigen uns hier mit der *Dezentralisierung* des Bewußtseins, mit dem Ausschalten des Zentrums, des Egos, welches all dieses Unheil verursacht. Wir erforschen eine Dimension des Lebens, wo Bewegung ohne Zentrum stattfindet. Beim Stillstand der mentalen Tätigkeit gibt es kein Zentrum mehr. Sehen Sie doch diese Schönheit! Eine Bewegung der Liebe ist eine Bewegung ohne Zentrum und ohne Ego. Gleichgültig, ob es sich um einen Menschen handelt, der gebildet und verfeinert ist, um einen kultivierten Menschen mit reicher Seele oder um einen ohne Bildung, sodaß sein Zentrum sich nicht bereichern konnte – immer arbeiten alle durch das Zentrum, vom Zentrum her. Die meditative Lebensweise ist Bewegung ohne Zentrum und ohne Beweggrund.

Wie kann sich so etwas ereignen? Wenn man es will, kann man es in Angriff nehmen. Wenn man wirklich danach hungert und freiwerden möchte von den langweiligen, sich wiederholenden mechanischen Handlungen, dann ist es möglich. Ist das Gefühl der Dringlichkeit vorhanden, dann ist es möglich.

Mit Zahn- und Kopfschmerzen sitzen Sie nicht da und ergehen sich in Erklärungen darüber, Sie geben sich nicht mit vernünftigen Erläuterungen zufrieden. Sie müssen etwas tun, um die Schmerzen loszuwerden. Auf gleiche Weise wird das Gefühl der Dringlichkeit einen Zustand von Nicht-Identifizierung schaffen, der uns in die Bewegung der Stille führt.

Durch Rückzug in den Himalaya oder irgend ein Kloster ist es einfach, einen Zustand der Stille zu erleben. Es ist leicht, vor Situationen fortzulaufen, die Spannung erzeugen; es ist leicht, sich in Verbote und Einschränkungen zu flüchten, sich in Aggression und Gewalt zu retten – denn Gewalt bedeutet nichts anderes als einen Rückzug, eine Flucht aus den Problemen. Ob Sie aggressiv werden oder in eine Depression rutschen, Ihr Bewußtsein hat die gleiche Beschaffenheit. Wenn wir die Angst verleugnen, wird sie zur Aggression; sich ihr ergeben, nennen wir Zurückgezogenheit. Mit Stille meine ich kein Sich-Zurückziehen aus einer Situation. Wir müssen in dieser verrückten Welt leben, in dieser krankhaften Welt um uns herum. Wo auch immer wir sein mögen, wir müssen in dieser Welt leben.

In der Stille zu leben, ohne in ein Netz von Ausflüchten zu geraten, welche die Religionen der ganzen Welt uns anbieten, wird möglich mit der Einsicht, daß Bewegung der Stille eine dynamische Bewegung ist.

Wie kann man da vorgehen?

Was auch immer unternommen werden muß, es muß von jedem Menschen *selbst* unternommen werden. Kein anderer kann es für uns besorgen. Aber wie fängt man es an? Man muß lernen zu beobachten. Wissen Sie, was Beobachtung heißt? Beobachtung heißt schauen ohne zu urteilen. Wir wissen nichts von richtigem Schauen. Wir sehen die Dinge, aber wissen nicht, wie wir sie anschauen müssen. Wir hören Worte, aber wissen nicht, wie wir sie anhören sollen.

Was macht man, wenn die Beurteilung hochkommt? Sobald wir versuchen zu beobachten, schon prüfen und vergleichen wir. Wir wollen es in andere Worte fassen: Im Moment, wo ich meinen Blick auf einen Gegenstand richte, hat mein Verstand ihn erkannt und ihn mit einem Namen benannt. Der Name ist mit Gedanken und Gefühlen verbunden. So wird aus dem Augenblick des Erfassens der Augenblick der Beurteilung und der Moment der Auswahl. Beobachtung jedoch ist *wertfreie* Aufmerksamkeit. Das müssen wir lernen, denn unser Beobachtungsprozeß ist so kompliziert geworden, daß wir nichts anschauen können, ohne es gut oder schlecht zu heißen. Wir wurden so trainiert und erzogen, daß der Moment der Beobachtung zu dem des Abwägens, des Akzeptierens oder Verwerfens wird. Bevor wir uns der Gesamtheit von etwas bewußt werden, haben wir schon verworfen oder akzeptiert und gehen sofort weiter. Auf solche Art und Weise findet keine echte Kommunikation statt. Die echte Kommunikation mit dem wahren Leben kann so nicht so zustande kommen. Wir hasten von Tat zu Tat mit halbem Herzen erledigt, von Augenblick zu Augenblick mit halbem Herzen erlebt und von Mensch zu Mensch, dem wir nur teilweise begegnet sind. Was übrig bleibt von diesen nur halb gelebten Momenten und mit halbem Herzen erledigten Tun wird in unserem Unterbewußten aufgespeichert. Das Unterbewußte wird mehr und mehr beladen und projiziert sich nachts in Träumen. Mit Zerstreuung am Tag und Träumen des Nachts wird unser Leben ausgefüllt.

Und wenn jemand schwere Lasten tragen muß, wird er leicht gereizt. Ein Mensch mit allzu großen Belastungen ärgert sich schnell und wird reizbar. Wir alle tragen unsichtbare Lasten in unserem Bewußtsein. In keinem Augenblick fühlen wir uns wirklich frei um zu leben, uns spontan zu bewegen, zwanglos und anmutig. Wir sind unfrei. Wir treiben dahin auf den Impulsen unseres Unterbewußten. Das ist offensichtlich kein Leben.

Ich wiederhole: Beobachtung müssen wir erst erlernen. Können wir auf etwas blicken, ohne es anzuerkennen, ohne es zu verwerfen? Ohne uns verblüffen und betäuben zu lassen? Ich meine nicht das stupide Anstarren eines Baumes, einer Blume und die Identifizierung damit, und wenn man dann sagt: «Ich bin eins mit dem Baum.» Nein, nicht diesen Unsinn meine ich. Einheit, das Gefühl von Einheit, ist ein Nebenprodukt von Verständnis. Es erwächst nicht aus einer bewußten Willensanstrengung. Bewußt angefachtes Erfahren von der Einheit des Lebens ist in Wirklichkeit gar keine Einheit. Wenn man beginnt, etwas Zeit in Stille zu verbringen, zu beobachten, ohne daß die Sicht mit Vorlieben und Vorurteilen verfärbt wird, wird jeder sehen, daß sich sein ganzes Wesen entspannt.

Unser Schauen ist heute noch mechanisch. Wir wissen, was Schönheit ist, wir haben Maßstäbe für Schönheit. Wir wissen, was gut, was schlecht ist, wir wissen, was Sünde, was Tugend ist. All das hat man uns beigebracht. Und so schauen wir durch die Brille des uns Bekannten, durch unsere Bedingtheit. Die Bewegung der Stille jedoch, die Bewegung der Meditation, nimmt uns die Brille unserer Konditioniertheit von den Augen. Dann ist die Welt weder grün noch gelb, weder schwarz noch braun. Wir begreifen, daß wir *diese* Welt noch nie gesehen haben.

Meditation heißt: Sich von Selbsthypnose freizumachen. Meditation heißt: Die Brille aller Konditionierung absetzen, die Denken und Fühlen hervorgebracht hat. Meditation heißt: Das Gelernte verlernen. Wenn sich Ihre Vorliebe oder Abneigung mit Ihrer Wahrnehmung vermischt, sehen Sie in Wahrheit nur die Bewegung des Altbekannten. Ein Beispiel: Ich arbeite in einem Büro, und der Chef oder mein Kollege sagt etwas zu mir. Noch bevor ich den Sinn der Worte verstanden habe, tritt das Bild, das ich mir vom Chef oder Kollegen schuf, zwischen ihn und mich, sowie meine Reaktion auf seine Worte, und all dies, bevor ich nur antworten konnte.

Können wir die Tatsache wahrnehmen, daß das Äußere der Welt Antriebe des Altbekannten in mir erweckt, daß ich auf Impulsen dahintreibe und es dann

Leben, Handlung oder Bewegung nenne? Wenn man beginnt, diese Tatsache zu sehen, erlaubt man wohl noch dem Impuls aufzukommen, aber man läßt nicht mehr zu, ihm zum Opfer zu fallen, man erlaubt nicht, daß die Reaktionen angepaßt und in ein Modell gepreßt werden.

Das Erlernen von Beobachtung läßt in Ihnen eine neue Fähigkeit wach werden, sodaß Sie Ihre eigenen Reaktionen erblicken, ohne sentimental darin verstrickt zu werden, ohne an sie gebunden zu sein, ohne sich mit ihnen zu identifizieren. Den Impuls selbst jedoch, der dem schon Bekannten innewohnt, können Sie nicht aufhalten, Sie können ihn nicht ausschalten. Aber die Bescheidenheit eröffnet eine neue Dimension des Lebens: Sie sehen den Chef, Sie hören ihn an und Sie achten zugleich auf die Dynamik Ihres Impulses, der in Ihnen aufsteigt wie die Gezeiten, die sich an den Gestaden des Ozeans brechen. Und dann wird im Augenblick vom gleichzeitigen Erfassen Ihres Chefs oder Kollegen, deren Verhalten und Ihrer Reaktionen, Ihr Bewußtsein auf eine vollkommen unterschiedliche Ebene erhoben. Dieses Sich-Abheben von einer Bewußtseinsebene auf eine andere ist eine Tatsache. Wir stellen hier keine Theorien auf.

Es ist nun nicht nur Raum vorhanden zwischen der äußeren Welt und Ihnen, sondern auch zwischen Ihnen und Ihren eigenen Reaktionen. Jetzt sagen Sie: «Du liebe Güte, bisher war ich selbst diese Reaktionen, durch sie handelte ich, von ihrem Impuls angetrieben. Und dies Verhalten nannte ich Leben und Erfahrung.» Wenn Ihnen dies klar wird, erfolgt die Antwort in einer gegebenen Situation auf einer vollkommen anderen Bewußtseinsebene. Ohne sich im Subjektiven oder Objektiven zu verstricken, schauen Sie auf beides. Und das ist die exakte, normale, gesunde Weise. Sie tun das Notwendige nicht mehr angetrieben von Ihren Reaktionen, nicht aus Angst, Eifersucht, Verbitterung, Gleichgültigkeit oder Gier. Sie beeinflussen Ihr Handeln nicht, sondern Sie sehen, wie die Reaktionen in Ihnen arbeiten. Sie können sie nicht einfach hinwegwischen, sie sind vorhanden. Wenn Sie sie aber anschauen, werden sie Ihrer Aufmerksamkeit ausgesetzt. So beginnt man, indem man die richtige Beobachtung lernt, und dann lebt man sie.

Oh, wie schön es ist zu leben, wenn man sich mit nichts identifiziert und an keine Reaktionen gebunden ist! Diese Schönheit, diese Freiheit! Die Spontaneität und Anmut davon muß man selbst entdecken. Wenn Sie Ihr Unterbewußtes dem Lichte der Erkenntnis, dem Licht der Stille aussetzen, wird es geschwächt. Europäer wissen sehr gut, was mit ihren Kleidern geschieht, wenn sie sie dem Sonnenlicht und der Luft aussetzen, nicht wahr? Durchlüften Sie das Unterbewußte und baden Sie es im Sonnenlicht von Stille und Erkenntnis und schauen Sie, was sich ereignen wird: Das Unterund Unbewußte und ihre Dynamik werden dann so geringfügig wie Ihr jämmerliches, kleinliches bewußtes Denken und Fühlen. Und jetzt wird es Ihnen nichts mehr anhaben. Dem Licht der Stille ausgesetzt, verliert es seinen umklammernden Griff. Nicht das Unterbewußte ist schuld am Übel, schuld daran ist das Sich-Identifizieren mit dem Unterbewußten. Ihr Sinn, Ihre

Gedanken, Ihre Emotionen sind unschuldig. Die Schuld liegt in der Gewohnheit, sich selbst damit zu identifizieren, sich daran zu ketten.

Die meditative Lebensweise setzt neue Kräfte frei. Während man seine Arbeit verrichtet und dem anderen durch die Dimension der Stille verbunden ist, wird aus dem Einzelwesen das wahre Menschenwesen. Wir sind heute Einzelwesen: Amerikaner, Inder, Holländer, Christen, Hindus. Wir sind an etwas gebunden. Eine gebundene und bedingte Psyche kann nicht in Bewegung geraten. Meditation hingegen ist *Bewegung der Ganzheit,* die in der Stille der Psyche zu wirken beginnt. Wenn Sie nichts abwägen, wenn Sie dem Impuls des Unbewußten nicht nachgeben, wird jede Zelle Ihres Wesens zum Zentrum von Intelligenz. Dadurch beginnt eine unglaubliche Kraft an Intelligenz zu wirken. Völlige Bewußtheit in jedem Augenblick des Lebens ist wirklich nichts anderes als eine Art Intelligenz. Wir dürfen das nicht mit dem Intellekt verwechseln. Eine Wahrnehmung in dieser Klarsicht hat einen völlig anderen Gehalt.

Ich weiß, so sehr ich mich auch bemühe, die Wirkung dieser Stille zu beschreiben, ihrem Zustand selbst kann ich nicht gerecht werden. Wenn ich Sie aber in diesen zwei Gesprächen darauf aufmerksam machen konnte, wie plötzliches Aufhören der mentalen Tätigkeit das ganze Sein aktiviert und dadurch eine neue Art von Energie freigesetzt wird, wie eine neue Art von Bewegung entsteht, dann hätte Ihre Freundlichkeit, hierherzukommen und mit mir an dieser Untersuchung teilzunehmen, Frucht getragen. Wenn ich Ihnen erkenntlich gemacht habe, daß die meditative Lebensweise der Weg der Freiheit ist, Freiheit von Ihrem eigenen Denken und Fühlen, Freiheit von der

Sklaverei des Unterbewußten, so hätte Ihr Weg hierher einen Wert.

Wenn ich in diesen zwei Gesprächen die Atmosphäre von Mystizismus und Mystik beseitigen konnte, in die das Phänomen der Befreiung auf der ganzen Welt verwickelt war, wenn ich Ihnen erklären konnte, daß die einfache Wahrheit des Lebens von jedermann und jedem entdeckt werden kann, wenn er es wünscht, wenn ich Sie darauf aufmerksam machen konnte, daß das Verstehen an und für sich Handlung ist, daß es keinen Zeitabstand zwischen beiden gibt, weil Verständnis einer Tatsache in sich selbst Handlung ist, wenn es keinen gefühlsmäßigen oder intellektuellen Bewegungen entspringt – so war Ihre Aufmerksamkeit nicht vergeudet.

Früher sagte ich, daß das Begreifen eine ungeheure, dynamische Kraft in sich birgt, und daß wahre Handlung daraus ersprießt. Heute sage ich, daß das Begreifen an sich schon vollkommene Tat ist. Wissen Sie, man wächst mit dem Leben, man entdeckt neue Nuancen und Feinheiten des Lebens. Das, was ich entdeckt habe, teile ich mit Ihnen: Verständnis *ist* Handlung, Verständnis *ist* Wandlung.

Wenn Sie mit Ihrem ganzen Wesen zuhören, so wirkt sich das auf Ihre Ganzheit aus. Wenn Sie nicht nur Worte anhören und sich dadurch stimulieren lassen oder sie beurteilen, wenn Sie wirklich zuhören – sei es dem Ruf eines Kuckucks oder den Worten eines Kindes – dann erwacht in Ihnen dieser Zustand von Ungebundenheit. Wenn ich Ihnen das erkenntlich machen konnte, war Ihr Kommen nicht vergeblich.

Dieser Zustand von Leben in Meditation oder auf meditative Weise zu leben ist Bewegung in Freiheit. Meditation ist eine Lebensweise, ist eine Art ganz zu leben. Wir können mit der meditativen Lebensweise keine Kompromisse schließen. Entweder Sie leben auf diese Art oder nicht. Die meditative Lebensweise schließt bedachtsame Sorgfalt und Zuneigung mit ein. Was der Welt heute nottut, ist Liebe und Zuneigung.

Freunde, Sie wissen um die ungeheure Einsamkeit, in der jedermann lebt! Sie mögen drei Mahlzeiten pro Tag verzehren, ein Auto, ein schönes Haus besitzen, eine sogenannte Familie und sogenannte Freunde um sich haben, aber wenn Sie mit sich selbst allein sind – wenn Sie dies überhaupt jemals sind, nur für ein paar Minuten – dann werden Sie sich dieser Krankheit von Vereinsamung bewußt. Man fühlt sich verlassen. Und ob man in einem Büro oder zu Hause arbeitet, man fühlt die Langeweile der sich wiederholenden Handlungen und die Einsamkeit des Lebens. Das Leben, so wie es heute gelebt wird, ist sinnlos. Man ermüdet und schleppt sich Tag für Tag durch den sich wiederholenden Prozeß, den man Leben heißt.

Wenn wir jedoch frei sind vom Griff unseres eigenen Denkens und Fühlens, wird das Gefühl der Einsamkeit aufgehoben. Sie mögen allein sein, Sie mögen einsam sein, aber Sie fühlen sich dann nicht vereinsamt. Wir fühlen uns heute sogar inmitten von Menschenmassen vereinsamt. Wir sind heute einsam, obwohl wir in Familien leben, wir sind einsam, obwohl wir einer Kirche, einer Sekte, irgend einer Religion, Bruderschaft oder Organisation angehören. In unserm Innern sind wir einsam. Nur die Angst vor dem Tode hält in Gang.

Aber wenn das Denken und Fühlen still sind und

man die Kunst erlernt, frei von der konditionierten Psyche zu leben und sich zu bewegen, fühlt man sich allem, was unseren Weg kreuzt, liebevoll verbunden. Schmelzen des Ego ist das Anlangen bei Liebe. Das Ego ist nicht zerstört. Schmelzen des Ego ist Beginn von Liebe. Es verwandelt sich in Liebe. Dann wird jede Ihrer Bewegungen Ausdruck von Liebe und Freundschaft.

So verwandelt die meditative Lebensweise die Einzelnen in normale, ungebundene menschliche Wesen ohne Prägung, die einander Liebe und Sorgfalt entgegenbringen, Zartheit und Zuneigung. Nur dann können wir auf eine humane Gesellschaft hoffen, die auf Freiheit und Achtung vor dem andern basiert – und das ist die einzige Hoffnung für die Welt. Nicht eher.

FRAGEN UND ANTWORTEN

Frage:

Was ist eine Diskussion?

Vimala:

Eine Diskussion ist eine Verständigung, an der man sich beteiligt. Alle, die gekommen sind, nehmen an der wörtlichen Verständigung teil. Auch das Zuhören ist eine Art Teilnahme. Aber die Diskussion läßt uns diese Teilnahme ausdrücken.

Sobald eine Frage wörtlich formuliert ist, ist sie jedem von uns gestellt. Wir nehmen sie auf und gehen darauf ein.

Solche Diskussion setzt voraus, daß wir Probleme aus dem Leben behandeln und nicht theoretische und akademische Fragen. Ausgeklügelte Fragen dürften gar nicht aufkommen. Solche erfundenen Fragen und Probleme lassen dem Geist keine wahre Forschung zu. Die uns zur Verfügung stehende Zeit müssen wir also nutzen, um über Probleme aus erster Hand, aus persönlicher Erfahrung zu diskutieren. Ein persönlich erfahrenes Problem ist schon zur Hälfte gelöst. Wenn es aus zweiter Hand stammt, geht aller Reiz der Forschung und die Freude am Entdecken verloren. So wollen wir also diese gemeinsame Untersuchung damit beginnen, ein Problem aus dem Erfahrungsbereich unseres täglichen Lebens auszusprechen.

Frage:

Warum ist es so schwer, still zu sein, wenn wir mit vielen Menschen zusammen sitzen?

Vimala:

Wir haben versucht zu beschreiben, was ein Problem ist. So wollen wir also die Diskussion aufnehmen. Die meisten von Ihnen machen ganz allgemein die Erfahrung, wie schwierig es ist, sich zu konzentrieren, wenn sie in einer Gruppe von Menschen sind. Warum?

Die Schwierigkeit könnte einen zweifachen Aspekt haben, einen objektiven und einen subjektiven. Objektiv gesehen lebt jeder Mensch sein individuelles Leben auf individuelle Weise. Er hat seine eigenen Interessen, eigene Probleme und seine besonderen Konflikte, Abneigungen und seine speziellen Vorlieben. Jedermann trägt all das mit sich, wohin er auch geht. Für einen sehr ich-schwachen, einen überempfindlichen Menschen kann es schwierig sein, sich mit einer Anzahl Menschen um sich herum zu konzentrieren, denn unzählige Vibrationen von Gedanken, Emotionen und Gefühlen umgeben ihn. Nicht nur Ihre eigenen Worte kreieren eine Atmosphäre – reine Gegenwart genügt. Die Gegenwart eines Vogels, eines Tieres, eines menschlichen Wesens! Das alles gehört zum Schaffen einer Atmosphäre. Daher verhindert Überempfindlichkeit die Konzentration. Ein schwaches Gemüt kann den verschiedenen Vibrationen nicht standhalten. Solch ein Mensch wird dann erregt oder deprimiert. Das ist der objektive Faktor.

Nun zum subjektiven: Was verstehen wir unter Konzentration? Für mich heißt es, Ihre gesamte Aufmerksamkeit in einem bestimmten Punkt wie die Strahlen in einer Linse zu vereinigen. Allem anderen entziehen Sie Ihre Aufmerksamkeit und vereinigen sie in einem von Ihnen erwählten Punkt. Die Vibrationen anwesender Menschen zerstreuen Ihren Geist. Sie können Ihre Energie nicht sammeln, weil Sie sich nicht distanzieren können. Vielleicht sind Sie zerstreut, weil Ihr Körper nicht mit Ihrer Psyche koordiniert. Beide funktionieren nicht harmonisch. Wissen Sie, Konzentration ist eine Technik. Aber sie setzt das richtige Verhältnis zu Ihrer Ernährung voraus, zu Ihrem Schlaf, Ihrem Nerven- und Muskelsystem. Wenn der biologische und psychische Organismus richtig abgestimmt sind, können Sie Ihre gesamte Energie ganz leicht auf einen Punkt richten, zu jeder Zeit. Dann können Sie an riesigen Zusammenkünften sein und sich doch im Bruchteil einer Sekunde davon absetzen. Das ist nur eine Frage der Übung. Sie können es im Hatha-Yoga oder einer anderen Methode lernen. Techniker und Wissenschaftler müssen diese Fähigkeit entwickeln. Daran ist nichts Geheimnisvolles.

Frage:

Wir haben über Konzentration diskutiert, und wir gingen auf Meditation ein. Ist es nicht möglich, daß Konzentration ihren Höhepunkt in Meditation erreichen könnte?

Vimala:

Konzentration und Meditation seien zwei völlig verschiedene Dinge, sagten wir. Ist es nicht möglich, daß eines zum anderen führt oder im Höhepunkt darin übergeht?

Mir scheint, Konzentration ist die Fähigkeit des denkenden Bewußtseins, die man unter Mitwirkung des Körpers entwickeln kann. Zur Konzentration benötigen Sie ein sehr starkes und waches Nervensystem. Aber immer noch bleibt es eine Leistung des denkenden Bewußtseins. Die Weiterentwicklung dieser Fähigkeit führt zur Erweckung manch versteckter psychischer Kräfte, der okkulten Kräfte. Sie stoßen kaum auf Menschen, die durch Konzentration in den Zustand der Meditation getreten sind. Auf der anderen Seite finden Sie manchen, der versteckte und vorhandene Kräfte durch Praxis von Konzentration aktivieren konnte. Solche Menschen haben zum Beispiel die Fähigkeit, unausgesprochene Gedanken und Gefühle von anderen zu lesen, sie können hellsehen und hellhören. Sie sehen also, wie Konzentration in der Erweckung okkulter Kräfte gipfelt.

Meditation dagegen beginnt, wo die Sphäre der Dualität ein Ende hat. Sie ist ein Zustand von Bewußtheit, in dem kein Erfahrender irgend eine Erfahrung sammelt. Meditation ist keine Verstandestätigkeit. Völlige Stille des Bewußtseinsaktes erst öffnet das Tor zur Meditation.

Bei der Konzentration jedoch arbeitet der Verstand. Durch den Prozeß der Sammlung aller Energie in einem Punkt kann das Ego beruhigt werden. Es ist dann nicht mehr bewußt tätig, das stimulierte Un- und Unterbewußte dafür umso mehr. Die dadurch angeregten Kräfte haben ihre eigene Dynamik und beginnen zu wirken. Alle Geisteskräfte, die von der gesamten Menschenrasse entwickelt wurden, tragen Sie in sich. Sie schlummern in jedem von Ihnen. Und wenn Sie sich systematisch in Konzentration üben, beginnen diese Kräfte sich ohne Ihre bewußte Bemühung oder ohne Ihr Dazutun zu manifestieren.

Sie können sich durch Konzentrationsübungen in einen Trancezustand begeben. Aber ein Trancezustand ist kein Meditationszustand. Ein Trancezustand, ein Zustand mit Visionen und besonderen Erfahrungen weist darauf hin, daß es jemanden gibt, der Erfahrungen macht. Solange es die Möglichkeit einer Erfahrung gibt, sind Sie der Meditation keinesfalls näher gekommen. Im Zustand von Meditation gibt es keinen Erfahrenden. Die ganze Energie ballt sich zu einem unteilbaren Ganzen zusammen, und in dieser neuen Dimension der Ganzheit bewegt sie sich. Schauen Sie, meine Freunde, weiß irgend jemand von Ihnen, was im Zustand der Liebe vor sich geht? Spottet die Liebe nicht jeglicher Beschreibung? Auf die gleiche Art spottet alles der Beschreibung, was sich während der Meditation ereignet.

Konzentration ist wie eine sich selbst zugeführte Droge. Mit Hilfe von Chemikalien und Drogen können Sie sich berauschen und in Trance eintauchen. In diesem künstlich herbeigeführten Zustand können Visionen auftauchen. Durch diese Trunkenheit werden Erinnerungen lebendig. Außerdem ist der Prozeß der Konzentration zeitlich bedingt durch einen Anfang und ein Ende. Wenn jedoch der Zustand der Meditation in Ihnen erwacht, ist er ohne Ende. Er ist da und vibriert in Ihnen. *Er* bewegt sich und nicht Sie. Er verwandelt Ihr fragmentarisches Dasein in ein Ganzes. Dann handeln Sie in dieser Ganzheit. Ihr Bewußtseinszustand, der Meditation ist, befähigt Sie als vollkommenes Wesen Mensch zu handeln. Dann ist die Energie nicht aufgeteilt in Erinnerung und Reaktion, in Gedanken und Emotionen. Das ganze Sein wird durchströmt von dieser vollkommenen, ungeteilten Energie. Und so leben Sie im Zustand der Meditation und in dieser Ganzheit von Energie wie ein Fisch im Wasser. Es ist keine Dauerhaftigkeit im Sinne von Statik. Es ist jeden Augenblick neu. Es ist dynamisch. – So also sind für mich Konzentration und Meditation diametrale Gegensätze.

Frage:

Sind Konzentration und Meditation beide gleichermaßen notwendig?

Vimala:

Meditation ist keine Lebensnotwendigkeit, sie *ist* Leben, sie *ist* Reife. Wissen Sie, wir sind keine gereiften menschlichen Wesen. Wir sind zerrissen. Wir unternehmen Versuche, etwas zusammenzustückeln im Namen von Ethik, Religion und Spiritualität. Wir versuchen, unserem zerstückelten Dasein einen Anschein von Ganzheit zu geben. In Wirklichkeit jedoch sind wir in Stücke zerrissen. Ich kann Ihnen sagen, Ganzheit ist Reife, und Reife ist Leben. Der Mensch dieses Jahrhunderts ist mit der Herausforderung konfrontiert zu reifen. Er steht der Herausforderung zur radikalen, psychologischen Transformation gegenüber, der er sich zu unterziehen hat. Die Menschheit muß eine psychologische Verwandlung durchmachen und daraus hervorgehen als gereiftes, ganzes Wesen Mensch, das diesen Namen zu recht trägt.

Obwohl wir uns biologisch weiter als das Tier entwickelt haben, sind in uns die Überreste animalischer Neigungen, Instinkte und Leidenschaften geblieben. Bevor wir davon nicht vollkommen befreit sind, sind wir keine menschlichen Wesen, auch wenn wir die menschliche Form erreicht haben. Wir sind nicht reif.

So also verstehe ich die Meditation als Leben. Bevor Sie nicht in diesen Zustand der Meditation eintreten, können Sie nicht wirklich leben.

Was nun die Konzentration anbelangt, so ist sie eine Lebensnotwendigkeit. Sie ist etwas sehr Persönliches. Menschen mit einem oberflächlichen Leben, deren Beziehungen keine Tiefe haben, mögen Konzentration für unnötig halten. Eine große Hilfe jedoch mag sie für diejenigen sein, die den Geist erforschen wollen und den Inhalt des Unbewußten ebenso verstehen wollen wie die Auflösung von Spannungen zwischen Bewußtem und Unbewußtem. Die Konzentration als Hilfe zu benutzen, liegt an Ihnen. Aber ich möchte Sie gerne warnen. Man muß außerordentlich vorsichtig sein, wenn man sich mit dem Hilfsmittel Konzentration befaßt. Es kann Sie von Angesicht zu Angesicht all dem im Unter- und Unbewußten Verborgenen gegenüberstellen. Diese Begegnung kann Sie erschrecken oder in eine depressive Psychose führen, sie kann sogar das Schuldbewußtsein anregen, man kann neurotisch werden. Den Inhalt des Unbewußten können Sie nicht vorausahnen und nicht berechnen. Dies ist also wirklich ein gefährliches Spiel.

Frage:

Kann Diskussion ein Zustand von Meditation sein? Kann das Zuhören selbst der Zustand von Meditation sein?

Vimala:

Wenn das Zuhören eine vollkommene Handlung ist, so ist es Meditation. Doch dieser gemeinsam unternommene Prozeß der Diskussion wird nur dann Meditation werden, wenn jeder Teilnehmer unbarmherzig und rücksichtslos ehrlich ist. Wenn kein Beteiligter argumentieren, überzeugen, rechtfertigen oder irgend etwas und irgend jemanden verteidigen will – sich selbst einbeziehend – dann könnte es vollkommene Handlung werden. Mit anderen Worten: Die Diskussionsteilnehmer dürfen sich nicht von Motiven antreiben lassen. Eine Diskussion muß ein Anteilnehmen ohne Zwang, eine Gelegenheit zum Lernen sein. Dieses wirkliche Zuhören, das zugleich Lernen ist, öffnet das Tor zur Erkenntnis. Ohne jegliche Anstrengung bewegen Sie sich dann im Stillschweigen von Denken und Fühlen. Im Schweigen des Bewußtseinsaktes wirkt die Totalität der Energie. Wenn es kein Motiv gibt, hat die totale Energie weder eine innere noch eine äußere Richtung, in der sie sich bewegen könnte. Die Bewegung von Ganzheit ist immer jenseits aller Motive, die Richtung bedeuten. Und die Meditation ist diese ungeheure Bewegung des Ganzen. Wenn Sie auf dieser Ebene diskutieren, werden Sie sich der Tiefe und Intensität wegen erschöpft fühlen. Es ist nicht leicht, solch eine Diskussion zu führen. Um an einer echten Diskussion teilzuhaben, benötigt man ein starkes Nervensystem und ein klares Gehirn.

Wir sind es gewohnt, fragmentarisch zu handeln. Zuhören ist vollkommene Tat. Nur sehr wenig Menschen können der Intensität dieser totalen Handlung standhalten.

Frage:

Man bildet einen Abwehrmechanismus um sich selbst. Wenn man sich einer neuen Situation gegenübergestellt sieht, beginnt der Abwehrmechanismus zu arbeiten, bevor man antworten kann. Er interpretiert und blockiert unsere Reaktion. Wie kann man diese Schwierigkeit überwinden?

Vimala:

Jedermann umgibt sich mit schützenden Mauern, einer psychologischen Struktur, die Abwehrmechanismus genannt wird. Ideen, Gedanken, Gefühle, Verhaltensmuster, all das sind die organischen Teile dieses Abwehrmechanismus'. Die Psychologen sagen, die Psyche sei zerrüttet, wenn dieser Abwehrmechanismus zerstört ist. Die Gesellschaft betrachtet einen solchen Menschen als mental erkrankt.

Darum werden Sie dazu erzogen, eine starke und undurchdringliche Abwehr aufzubauen. Schulen und Universitäten, Religionen und Kulturen bringen Ihnen präzise bei, wie ein psychologischer Schutzmechanismus zu bilden ist. Sie lernen eine psychologische Einfriedung zu konstruieren, und ein Mensch, der Experte in dieser Kunst geworden ist, wird gebildet, kultiviert genannt. Je verfeinerter Ihr Schutzmechanismus wird, umso angesehener werden Sie in der Gesellschaft sein. In der Erziehung will man Sie dahin bringen, daß Sie einen starken Abwehrmechanismus bilden können. Jeder von uns hat es bewußt oder unbewußt getan. Von Kindheit an haben wir ihn ausgebildet. Einige Verhaltensmuster wurden unbewußt aufgenommen, andere systematisch kultiviert. Und all das gipfelt in einer festen Einfriedung.

Wenn man sich einer völlig fremden Situation gegenübergestellt sieht – so sagt nun unsere Freundin – dann arbeite der Abwehrmechanismus, ehe man überhaupt eine Gelegenheit zur Antwort habe. Was kann man da machen? Dies ist das Problem unserer Freundin.

Sehen Sie, meine Freunde, der sogenannte Abwehrmechanismus ist das Ich, das Selbst, das Ego. Sie «haben» nicht einen Mechanismus, nein – Sie selbst werden zum Abwehrmechanismus. Bitte, beobachten Sie die Bewegung in Ihnen, und Sie werden dann diese einfache Tatsache entdecken. Sie haben sich selbst mit dem Ich identifiziert. So ist Ihr Ich der Abwehrmechanismus. Durch unzählige Jahrhunderte hat ihn die Menschheit gebildet, und Ihre Psyche enthält das Erbe aller menschlichen Bemühungen und Erfahrungen. Folglich *haben* Sie den Mechanismus nicht, Sie *sind* der Mechanismus.

Wenn Sie aber fühlen, daß Sie noch etwas anderes als dieser Mechanismus sind, warum sagen Sie dann, daß er Ihnen nicht erlaube zu handeln? Dies kann zwei Gründe haben: Erstens könnten es religiöse und geistige Belehrungen sein, die Sie von Ihren Propheten und Lehrern erhalten haben. Man nennt sie Seele, Atman und so weiter. Alle religiösen Sekten der ganzen Welt – ausgenommen vielleicht die Buddhisten und Jainas – sprechen von der unsterblichen Wesenheit. Ich nenne sie Sekten, denn die wahre Religion harrt noch ihrer Geburt, eine Religion, in der sich eine Totalität von Energie spontan bewegen wird. Diese Religion muß auf dieser Welt erst heraufdämmern. Auch wenn Sie keine Theologie studiert haben, kann Ihnen der Einfluß von den Kirchen, Tempeln, Moscheen und der ihrer Rituale, Zeremonien und Versammlungen nicht entgangen sein. Ohne daß Sie sich dessen bewußt werden, sinken unzählige Lehren tief in Sie hinein. Das unklare Bewußtsein schafft Ihnen eine Dualität. Sie trennen sich von Ihrem Ich und behaupten dann, es

54

erlaube Ihnen nicht zu handeln. Was Sie ein Problem nennen, ist aber ganz und gar kein Problem: Es ist Ihre Reaktion auf das, was Sie für die Wirklichkeit halten.

Zweitens: Ein ernsthafter Wahrheitssucher mag sich der Anwesenheit eines Zeugen in sich bewußt werden. Solch eine Erkenntnis könnte ihn nötigen, die Frage nach seinem Abwehrmechanismus zu stellen. Bitte, übertragen Sie das Wort Zeuge nicht auf etwas Metaphysisches. Das Wort Zeuge wird von mir als Hinweis gebraucht, daß nicht das ganze Bewußtsein durch die Gesellschaft und ihre sogenannte Erziehung, Kultur, Religion und so weiter und so fort, bedingt worden ist. Die Erkenntnis des unkonditionierten Bewußtseins basiert nicht auf Grund einer Lehre oder auf Heiligen Schriften. Es ist die eigenste Erfahrung von wachen, sensitiven Forschern, und ich erlaube mir, auf diese Frage einzugehen auf der Basis der universalen Erfahrung, statt auf die erstbeste akademische Vermutung hin. Theorien sind Spekulationen. Wir sind nicht hergekommen, um darüber zu debattieren. Wir sind hier, um über Tatsachen des Lebens zu diskutieren.

Was ändert sich also in der Qualität des Lebens eines Menschen, wenn er sich bewußt wird, daß all seine Vorlieben und Abneigungen, Bevorzugungen und Vorurteile, seine Gedanken und Ideen, Regungen und Gefühle das Resultat seiner Bedingtheit sind? Wir stellten fest, daß der Mensch sie als wirkliche Tatsache in seinem Leben erkennen könne. Tatsachen können nicht von Theorien abgeleitet werden. Sie lassen sich nicht von Lehren oder Heiligen Schriften ableiten. Ich beziehe mich auf direkte Erkenntnis, die alle Schichten unseres Seins durchdringt. Wenn Ihnen die Anatomie des Abwehrmechanismus bewußt wird, fällt die Erkenntnis der ungeheuerlichen Macht über Sie her, die diesem Mechanismus innewohnt, und wenn Sie sich der unwiderstehlichen Kraft im ganzen Abwehrmechanismus – der das Ich ist – bewußt werden, entfacht diese Erkenntnis eine neue, Ihnen zuvor unbekannte Dimension der Bescheidenheit und Demut. Ich spreche nicht von einer Demut, die Sie wider den Stolz kultivieren. Ich rede nicht von einer Bewußtseinsstufe, die durch irgend eine Methode kultiviert wurde. Das ist ganz und gar keine Demut. Alle von der Gesellschaft kultivierten Tugenden sind nichts anderes als Leistungsfähigkeiten des denkenden und fühlenden Bewußtseins. Und eine Fähigkeit ist nichts als ein Widerstand. Mit Bescheidenheit und Demut möchte ich eine absolut unbekannte Bewußtseins-Dimension andeuten. Es ist die Dimension der Stille. Wenn Sie sich einer vollkommen neuen Herausforderung gegenübergestellt sehen, sind Sie still. Anstatt in Ihrer Bedingtheit zu reagieren, sind Sie still. Sie möchten den Anruf verstehen, Sie möchten lernen. Und lernen kann man nur, wenn man frei dazu ist. Sie werden sofort vom ganzen Abwehrmechanismus befreit, wenn Ihnen bewußt wird, daß Sie von der Flut des Unbewußten mit ihrer schrecklichen Triebkraft mitgerissen werden, bevor Sie nicht still sind. Die Schwierigkeit bei uns ist, daß wir zuviel vom Leben wissen. Wir haben keine Zeit, ganz einfach dem Leben zuzuschauen. Wir sind immer damit beschäftigt, entsprechend unserer Erziehungsvorbilder zu reagieren und neue Arten von Reaktionen anzuhäufen. Zu wirklichem Schauen und Lernen sind wir nicht frei. Der Impuls des Unbewußten ist gar nicht das, was wirklich schuld hat, es ist Ihre Identifizierung mit dem Unbewußten. Sie würden nie sagen, Sie wüßten, wenn Sie die Macht Ihres angehäuften Wissens und Erfahrens erkannt hätten. Demut ist Nichtwissen, Unschuld, Reinheit. Und Lernen ist die spontane Bewegung aus Nichtwissen, Unschuld, Reinheit. Nichtwissen, Unschuld, Reinheit heißt jedoch nicht Unkenntnis, es ist Reife. Somit wird die Demut – die Reinheit ist – Ihr Lebensinhalt. Ihr ganzes Wesen ist davon durchdrungen.

Frage:

Wie kann man die Bewegung des Bewußtseins beschleunigen, damit das Unbewußte bloßgelegt werden kann?

Vimala:

Ist das nicht eine spekulative Frage? Beruht sie nicht auf der Vermutung, daß das Verständnis eine Sache und die Bewegung von Verständnis ein anderes, unabhängiges Phänomen sei? Wenn Sie nicht die Vermutung aufstellen würden, daß Verständnis und Handlung zwei verschiedene Phänomene sind, würden Sie diese Frage nicht stellen. Sie stellen sie, weil Sie die Dynamik des Verstehens nicht selbst erfahren haben. Das Verstehen von einer Tatsache ist eine außerordentlich explosive Angelegenheit. Wenn Sie sagen, daß Sie etwas verstehen, ist dies Verstehen eine intellektuelle Tätigkeit für Sie. Sie greifen eine Idee oder einen Gedanken mit dem Intellekt auf und speichern ihn in Ihrem Gedächtnis. Aber Verständnis einer Tatsache ist absolut keine intellektuelle Tätigkeit. Es ist nicht anti-aktiv, aber auch durchaus keine mentale Aktivität. Es ist vollkommene Handlung. Verstehen steht nicht mit dem Ich und seinen Mechanismen im Zusammenhang. Das Ich, das nichts als kristallisiertes Wissen und Erfahrung der ganzen menschlichen Rasse ist, ist tatsächlich die Vergangenheit, die wir in uns tragen.

Die Vergangenheit kann die Gegenwart nicht begreifen. Sie mag sie interpretieren, aber Interpretation ist kein Verstehen. Interpretation heißt der Gegenwart die Vergangenheit aufdrängen. Die Vergangenheit der Gegenwart aufdrängen oder in sie hineinprojizieren, verhindert die Wahrnehmung. Bloße Wahrnehmung aber ist eine vollkommene Handlung, Interpretation dagegen ist geteilte und bruchstückhafte Handlung. Das Leben beginnt von neuem, wenn Ihnen bewußt wird, daß Ihr bisheriges Leben vergeudet war, weil Sie mechanisch gelebt haben. Wenn man sich von mechanischer Handlung befreit, beginnt ein neues Leben. Sie können sich den Seinszustand nicht vorstellen, in dem keinerlei Autorität existiert. Sie haben keine Ahnung, wie es ist, wenn das Bewußtsein sich aller Vergangenheit entleert hat, und wie in diesem Raum etwas völlig Neues geboren worden ist. Sie können nicht ahnen, wie es ist, wenn die freie Bewegung des Bewußtseins selbsterzeugende Energie frei werden läßt. Im Moment, wo Sie die enorme Macht des Unbewußten erkennen, ist Raum in Ihnen. Dann können Sie schauen, beobachten, wahrnehmen. Der Raum erzeugt zwischen dem Abwehrmechanismus und Ihnen eine Distanz. Wenn Sie dem Neuen gegenübergestellt sind, beobachten Sie in ganz natürlicher Weise gleichzeitig die Herausforderung und die Reaktion des Abwehrmechanismus. Sie schauen auf beides zugleich. Und was geschieht im Moment, wenn Sie darauf schauen? Dann antworten Sie nicht in Ihrer Bedingtheit. In Ihrem vollkommenen Beobachtungsakt ist die Bedingtheit absolut wirkungslos. Wenn Sie entdecken, daß Sie vom Impuls des Unbewußten befreit sind, wird in Ihre täglichen Kontakte und in Ihr Leben eine neue Qualität von immerwährender Frische kommen. Die Entdeckung der Freiheit, – wenn sie nicht als Theorie oder Idee verstanden wird, sondern als lebendige Wirklichkeit – beansprucht keine Zeit. Das Verstehen kommt immer plötzlich. Sie können diesen Saal in einer neuen Bescheidenheit verlassen, in einer Bescheidenheit, mit der Sie durch Freud und Leid, Sorge und Vergnügen gehen können, ohne darin stecken zu bleiben. Die Dualität von Raum und Zeit können Sie nicht vermeiden, aber Bescheidenheit und die davon ausströmende Freiheit lassen Sie diese Dualität durchschreiten ohne Belastung durch die Autorität, die das Gedächtnis ist.

Frage:

Sollen wir also Meditation als eine Art Disziplin ansehen, die man durch Konzentration erreichen kann?

Vimala:

Betrachten Sie nicht Meditation als eine Art Disziplin, die durch Konzentration erreicht wird? Ist das die Frage?

Was ist Disziplin? Was ist Disziplin, und warum wird sie zur Notwendigkeit? Konzentration ist eine Art mentaler Disziplin. Ich erwähle einen Punkt, um all meine Energie darin zu sammeln, ich entziehe sie dem übrigen Leben, der übrigen Welt und richte sie auf einen erwählten Punkt, auf eine erwählte Idee, ein gewähltes Bild, Prinzip, auf einen Wert oder was auch immer. Nun, Konzentration durch teilweisen Entzug und teilweise Sammlung von Energie in einem Punkt ist eine einem Konflikt entsprungene Handlung. Wenn die Psyche nicht voller Konflikte, wenn sie nicht verwirrt wäre, sondern alle Energie in natürlicher Weise ohne Schwierigkeit total gesammelt werden könnte, würde Konzentration nicht notwendig sein. Die Notwendigkeit von Konzentration läßt durchblicken, daß man verwirrt ist, nicht wahr? Und was geschieht, wenn wir Konzentration als Disziplin ausüben? Wir merken, daß sich Denken und Fühlen nicht auf einen Punkt richten lassen wollen, auf diesen einen Punkt, das eine Bild, auf den Guru, den Meister, auf irgend einen Begriff oder was sonst. Die Gedanken versuchen zu entrinnen. Dann fangen wir sie ein, bringen sie zurück und halten sie mit etwas Gewalt fest. Das verstehen wir unter Disziplin. Disziplin wird bei Konflikten notwendig. Sie wird notwendig, wenn Verwirrung und Widerspruch herrschen.

Bitte, ich meine nicht die notwendige Disziplin bei der Erziehung, in den Schulen. Wir müssen den Kindern helfen, ihren Körper mit Disziplin zu trainieren, ihnen helfen zu verstehen, wieviel Schlaf sie nötig haben und wie sie sich ernähren sollen. Wir müssen ihnen helfen, bis sie erwachsen sind. Nicht, daß wir erwachsen wären, und doch meine ich, daß wir ihnen helfen müßten. Also, diese Art Disziplin meine ich hier nicht. Sie ist bis zu einem Minimum notwendig, und wir müssen das mit den Kindern zusammen tun. Aber bei Erwachsenen wird Disziplin zu etwas gewaltsam Aufgedrängtem, etwas Erzwungenem. Nicht die Gesellschaft möchte sie uns auferlegen, nein, wir selbst entscheiden uns dafür. Daß ich mir selbst etwas auferlegen muß, fühle ich nur, wenn ich nicht verstehe, weshalb mein Geist entfliehen möchte. Warum sind wir dem Bewußtsein gegenüber nicht freundlicher gesinnt und versuchen herauszufinden, weshalb es so reagiert, was es eigentlich will, und wo die Wurzeln dieser Bedürf-

nisse liegen? Statt dessen versuchen wir dieses Bewußtsein zu schulen, die Gedanken gewaltsam zurückzu-
bringen und sie auf einen Punkt zu zentralisieren.

Wissen Sie, Konzentration und Disziplin sind der
uralte Weg, der von Tausenden und Abertausenden
abgetrottet worden ist. Wenn ich den Sinn der Disziplin, der Konzentration, etc. in Frage stelle, so zweifle
ich nicht an der Lauterkeit der Wahrheitssucher, die
während dieser Jahrhunderte gelebt haben. Ich versuche nicht, sie zu kritisieren. Aber als religiöser
Mensch würde ich zunächst alles in Frage stellen und
selbst herausfinden wollen, was das alles bedeutet. Das
ist das Wesentliche der Religion, die Bescheidenheit ist:
Sie akzeptieren nicht eher etwas, bevor Sie den Sinn
davon nicht im individuellen Leben verstanden haben.
Wenn Sie akzeptieren, ohne zu verstehen, zwingen Sie
Ihr Bewußtsein zu etwas und verhalten sich nicht ehrlich, suchen nicht aufrichtig nach der Bedeutung. Der
Inbegriff der Religion – die Demut ist – liegt also darin, daß man den Sinn des Lebens selbst entdeckt. Dann
sagt man: «Warum ist Disziplin nötig, wenn ich meinem Bewußtsein gegenüber freundschaftlich gesinnt
bin?» Warum wollen wir den Geist nicht seinem Wesen
nach verstehen und herausfinden, wo seine Bedürfnisse
liegen? Wenn wir freundschaftlich mit dem Bewußtsein umgehen, es beobachten, es verstehen, es wandern
und schweifen lassen, wohin es gerade möchte, die Ur-
kraft sich im Herumschweifen erschöpfen lassen, ohne
daß wir es verdammen, ohne es zu loben, zu verurtei-
len – wenn wir es nur gerade beobachten, dann mag
sich vielleicht seine eigene Dynamik in sich selbst erschöpfen und in einfache, unschuldige Stille über-
gehen.

Deshalb scheinen mir Disziplin und Konzentration

eher unwissenschaftliche Wege zu sein. Ich würde das Verständnis des Bewußtseins der Disziplin vorziehen. Dieses Verstehen kann seine eigene Disziplin hervorbringen, aber das ist etwas anderes. Alle einschließende Aufmerksamkeit, d. h. wenn ich mir bewußt bin, daß ich von etwas stimuliert werde, wenn ich die Dinge in dieser Art angehe, und wenn ich mir ebenfalls bewußt bin, daß die Hirnzellen die Sinneswahrnehmungen aufnehmen, ja ich mir bewußt bin, daß sie gereizt und stimuliert werden, und versuchen die Empfindung der Gewohnheit entsprechend zu interpretieren und zu übertragen, wenn ich mir dem Wesen meiner Reaktion bewußt werde, d. h. sehe, wie ich reagiere – dann ist diese Erkenntnis der sogenannt äußeren und inneren Bewegung des Lebens auch Meditation, es ist gleichzeitiges Erkennen der gesamten Bewegung! Wenn ich die Beschaffenheit meiner Reaktion kenne und mir ihrer Bewegung bewußt bin, kann ich aus dieser Erkenntnis auf ganz natürliche Weise von der Reaktion frei werden. Ich kann sie nicht aufhalten, denn sie war im Unter- und Unbewußten verwurzelt. Ich kann sie nicht vermeiden, nicht verleugnen, nicht zurückhalten. Aber wenn ich mir gleichzeitig der objektiven Herausforderung und der Ursache dieser Reaktion bewußt bin, wird daraus Befreiung. Dann kann mich die Triebkraft der Reaktionen nicht mehr mitreißen, denn das ego-lose Ich ist vorher da. Ich werde kein Opfer meiner Reaktionen sein, denn ich werde sie anschauen, genau so wie die objektive Herausforderung. Das heißt für mich Meditation: Alles in einschließender Aufmerksamkeit als Bewegung des Lebens zu sehen. Meditation hat keinerlei Bewußtseinsakt zur Folge.

Wir haben es nie ausprobiert, und darum stellen wir uns vor, es sei so außerordentlich schwierig.

Frage:

Ist Meditation ein Sterben vor dem Tod?

Vimala:

Der Vergangenheit zu sterben ist ein anderes Wort für Meditation: Dem Teil Ihrer Bewußtseinsaktivität zu sterben, welcher durch Jahrhunderte konditioniert worden ist. Nicht das ganze Bewußtsein wurde konditioniert. Wenn es ganz konditioniert worden wäre, wenn es keine Dimension von Bewußtsein hinter dem Bewußten und Unbewußten gäbe, würden wir hier nicht darüber reden und uns darüber unterhalten. Ein Teil des Gehirns, ein Teil des Bewußtseins, blieb unkonditioniert. Die Ärzte werden Ihnen das bestätigen. Sie können Ihnen sagen, daß man den frontalen Teil des menschlichen Gehirns noch nicht erschlossen hat. Alle Forschungsergebnisse beschränken sich auf den hinteren Abschnitt des Gehirns, und der Vorderabschnitt ist noch unerforscht. Er ist wie Neuland, und selbst mit allen modernen Methoden und Techniken ist es der Menschheit noch nicht gelungen, in diesem Teil des Gehirns etwas nachzuweisen.

Dem konditionierten Teil vom Bewußtsein zu sterben, was heißt, daß man zu einer spontanen, völligen Stille des konditionierten Bewußtseins kommt, kann den restlichen Teil aktivieren. Das nennt man Meditation. In der Meditation öffnet die völlige Stille des konditionierten Bewußtseins das Tor zum unerschlossenen, unberührten Teil des menschlichen Bewußtseins. Ich gebrauchte also den Begriff «der Vergangenheit sterben», um das Wort Meditation zu vermeiden, denn ich befürchtete die Reihe von Assoziationen, die das Wort «Meditation» in Ihrem Denken auslösen würde. Es ist wirklich schwierig für mich, denn jedes Wort ist tatsächlich mit einer Art Assoziation behaftet. Wenn ich also «Meditation» sage, welche Art von Meditation meine ich dann? Darum sagte ich «der gänzlichen Vergangenheit sterben». Und der Vergangenheit sterben heißt meditativ leben, wenn wir dieses Wort überhaupt anwenden wollen und es klar verstehen. Denn für mich ist Meditation vollkommene Handlung.

Ich sagte, daß Sterben eine vollkommene Handlung sein könnte, die schönste Handlung, und daß Meditation vollkommene Handlung bedeuten würde, denn da ist das ganze konditionierte Bewußtsein still. Es gibt kein Grübeln über die Vergangenheit, kein Träumen von Zukunft, keine treibende Kraft eines Motivs, keine verlockende Kraft aus einer Richtung, durch ein Vorbild. Meditation geschieht in der Gegenwart, in der Stille, in Bescheidenheit und ist eine absolut neue Handlungsweise, eine neue Art von Bewegung: Die Bewegung von Energie, die an der Quelle des menschlichen Bewußtseins liegt. Im Stillstand des konditionierten Bewußtseins wird diese Energie aktiviert. Darum nenne ich es Sterben.

Frage:

Bei mir ist keine Mutation zustande gekommen. Kann ich mich ihr nähern oder muß ich mich mit der Energie, die mir zur Verfügung steht, zufrieden geben?

Vimala:

Der Mensch hat heute eingesehen, daß Mutation nicht in Beziehung steht mit kausalen Zusammenhängen. Man muß ebenfalls begreifen, daß es falsch ist, Mutation mit Zeit in Verbindung zu bringen. Es ist eine Erfindung zu glauben, daß man Mutation zustande bringen oder erwerben könne, daß man dahin gelangen könne. Sobald Sie einräumen, es sei etwas, das durch den Verstand und mit Zeit erreicht werden könne, geben Sie zu verstehen, daß Mutation ein Objekt und Ihr Verstand ein Subjekt ist, welches erreichen oder erwerben kann. Solange Sie meinen, Mutation könne durch den Verstand zustande kommen, sind Sie der Gefangene des Abwehrmechanismus, sind Sie ein Opfer von mechanischer Handlung, ein Opfer Ihrer Bedingtheit. Sehen Sie, was ich meine? Ich stelle die Gültigkeit der Art und Weise in Frage, wie Sie die Mutation angehen. Soweit ich begriffen habe, stellen Sie eine verkehrte Frage. Eine falsche Frage kann offensichtlich nicht zur rechten Untersuchung führen.

Mir scheint, daß man Mutation nicht erreichen oder erwerben kann. Das denkende Bewußtsein von heute kann keine Mutation fertig bringen. Dieses kleinliche, oberflächliche Denkbewußtsein wird Mutation nie besitzen. Mutation ist ein Ereignis, das durch Stillstehen von Denken und Fühlen stattfindet. Es ist eine Explosion im Raum, der durch Entleerung geschaffen worden ist. Also hüten Sie sich von Anfang an vor dem Unfug, wenn Ihr Bewußtsein Sie unter dem Vorwand der Untersuchung in gewinnsüchtigen Eifer drängen will. Und geben Sie noch mehr acht, wenn Ihnen das Bewußtsein sagt, es habe keine Energie, um zu explodieren. Wenn ich so etwas sage, was bedeutet es denn? Es kann sein, daß ich körperlich geschwächt bin. Körperliche Schwäche kann das Resultat eines schlechten Verhältnisses zur Ernährung sein. Ernährung und körperliche Bewegung spielen eine große Rolle bei der Freisetzung von Energie. Das richtige Verhältnis zu Ihrem Nerven- und Muskelsystem herauszufinden, ist eine Lebensnotwendigkeit; es richtig zu ernähren, ist lebenswichtig. Der biologische Organismus müßte wie eine blühende Blume sein. Bevor der gesamte Stoffwechsel nicht in Ordnung ist, können Sie bestimmt keine Energie haben. Wenn also Ihr Körper schlaff, schwach und nicht sensitiv ist, müssen Sie selbst die Ursache ausfindig machen und sie in Ordnung bringen. Das ist nicht sehr schwer.

Angenommen, das ganze biologische System ist in Ordnung, und dennoch sagt jemand, er habe nicht genug Energie, was dann? Ich würde herausfinden, wieviel Energie ich tagsüber verschwende und vergeude. Wissen Sie, wieviel Energie verschwendet wird mit dem Geplapper des Denkens? Jeder Gedanke verzehrt Energie, jede Gemütsbewegung verbraucht Energie. Selbst wenn Sie physisch allein sind, können Sie eine Menge Energie durch das Geschwätz Ihrer Gedanken verausgaben. Dieses Energie verzehrende Geplapper muß ein Ende nehmen! Die Energie darf nicht durch Reaktionen vergeudet werden. Durch Reaktionen und Grübeln verbraucht man Lebenskraft. Unverantwortliche Gedanken und Gefühle zu dulden, heißt pure Energieverschwendung. Bitte, finden Sie also heraus, wieviel Energie Sie tagsüber vergeuden. Wenn Sie dieser Energie erlauben, sich in sich selbst anzusammeln, werden Sie unermeßlich viel mehr Energie haben.

Wenn Sie aus Spannung, Konflikt und Widerspruch handeln, so ist das eine andere Art von Energievergeudung. Wenn Sie einen Teil Ihres Gemütes unterdrücken und mit dem anderen Teil auf eine Situation reagieren, wird die Energie gespalten und auf zwei Fronten verausgabt. Innere Unterdrückung oder Verdrängung und äußere Reaktionen oder Antworten bedeuten doppelten Energieverschleiß. Ist das nicht so?

Man muß außerdem herausfinden, wie man Energie in Träumen verschwendet. Beim Träumen arbeitet Ihr

Geist. So muß ein Wahrheitssucher erst alle Energie in sich selbst zur Sammlung kommen lassen. Er muß wachsam, aufmerksam und sensitiv genug sein, um keine Energie durch Konflikte und Spannungen zu vergeuden. Dann wird er vielleicht entdecken, daß eine unerschöpfliche Energiequelle in ihm ist. Jedes menschliche Wesen ist diese Energiequelle. Wir kennen uns selbst nicht, und darum beklagen wir uns darüber, keine Energie zu haben.

Frage:

Sind schlechte Gedanken oder Gefühle Energievergeudung?

Vimala:

Was sind schlechte Gedanken? Was sind schlechte Gefühle? Gedanke ist Gedanke. Der Mechanismus des Geistes arbeitet immer gleich, ob Sie es gute oder schlechte Gedanken nennen. Es wird immer Energie verbraucht, ganz gleich, welchen Gedanken oder Gefühlen Sie sich hingeben. Was meinen Sie mit «schlecht» oder «übel»? Ich weiß nicht, was «übel» ist. Etwas kann nicht korrekt sein, aber was ist Sünde? Das ist eine echte Schwierigkeit für mich, keine theoretische Phrase. Ich weiß wirklich nicht, was böse, was Sünde ist, und ich meine, was ich sage.

Ich weiß, daß man emotional oder intellektuell eine schlechte Einstellung den Lebensanforderungen gegenüber haben kann. Ich weiß, daß daraus falsche oder schlechte Beziehungen resultieren können und resultieren. Ein Beispiel: Ich kann kein Auto lenken und habe deshalb keine richtige Beziehung zu einem Auto. Wenn ich dann versuche Auto zu fahren, werde ich natürlich gegen einen Baum oder Laternenpfahl prallen. Auf gleiche Weise kenne ich meinen biologischen oder psychologischen Organismus ungenügend. Ich weiß nichts von der Beschaffenheit der Kräfte, die im Körper und Geist arbeiten. Selbstverständlich mangelt es da an Anpassung und Ordnung. Diese Unkenntnis hat falsche Handlungen zur Folge. Aber warum müssen Sie dem einen moralischen Beigeschmack geben? Warum können wir es nicht als falsche Tonart ansehen, die den falschen Ton hervorbringt? Im Moment, wo Sie es gut oder schlecht nennen, sind Sie das Opfer der Dualität, Sie belasten den Geist zusätzlich durch Abwägen. Mir scheint, Dualität ist unvereinbar mit dem Leben und mit leben. Lassen Sie sich nicht einfangen in selbst errichteten Mauern! Fürchten Sie sich nicht vor dem Leben und bleiben Sie verletzbar. In der Verletzbarkeit liegt Schönheit. Leben heißt, den Strömen des Lebens preisgegeben zu sein. Wissen und Erfahrung sind Hindernisse, die das freie Strömen des Bewußtseins, das das Leben selbst ist, aufhalten. Je mehr Sie versuchen, sich selbst abzusichern, umso mehr entfernen Sie sich vom Leben. Lassen Sie sich nicht von der Versuchung nach Sicherheit in eine Falle locken. Setzen Sie sich der Stille des ganzen Bewußtseins aus, bewegen Sie sich in dieser Stille. Lassen Sie jede Handlung die spontane Bewegung dieser Stille sein. Dann werden Sie die Schönheit des Lebens entdecken, dann werden Sie entdecken, wie sich menschliche Beziehungen verwandeln, wie spontane Zusammenarbeit und Freundschaft in der Welt erblühen.

Wir wissen heute nicht, was Freundschaft heißt, wir wissen nicht, was Zusammenarbeit heißt. Freundschaft, die auf Gleichheit intellektueller und gefühlsmäßiger Idiosynkrasie basiert, ist gar keine Freundschaft.

Es ist eine Beleidigung für ein menschliches Wesen,

wenn ich es wegen seiner Gedanken und Talente liebe. Das heißt, daß ich es ganz und gar nicht liebe. Ich liebe meinen eigenen Geschmack und meinen eigenen Maßstab. Bedingte Freundschaft beleidigt die menschliche Würde.

Frage:

Wie kann man Unwesentliches vom Gemüt abschütteln, und wie kann man freiwerden von der Dualität, die das Gemüt beherrscht?

Vimala:

Am besten kann man das Unwesentliche abschütteln, wenn man die Eigenart des Wesentlichen versteht. Wenn Sie genau verstehen, was im Leben wesentlich ist, verflüchtigt sich das Unwesentliche. Es bedarf keiner Anstrengung, es «abzuschütteln». Lassen Sie sich von mir versichern, daß Verständnis seine eigene Dynamik hat, und sie beginnt im gleichen Moment zu wirken, wo Sie verstehen.

Ich begreife nicht, was Sie meinen, wenn Sie sagen: «Die Dualität im Gemüt dominiert». Das Gemüt ist ein Bündel von Empfindungen, Emotionen, Gefühlen, Ambitionen, Wünschen, Konflikten und hunderterlei Spannungen. Solange es dieses Gemüt ist, das sich bewegt und funktioniert, wird die Handlung immer auf Wahl basieren. Abwägen deutet auf Dualität hin. Mit anderen Worten: Solange die Illusion von Zeit für uns besteht, wird immer die Dualität allem entspringen, was das Gemüt berührt. Anstatt sich also wegen der Dualität zu beunruhigen, versuchen Sie ausfindig zu machen, ob das Gemüt still sein kann, und ob es irgend ein Wirken außerhalb des Bereichs von Zeit und Raum gibt.

SELBSTERZIEHUNG

Was ist Meditation?

Meditation ist all-einschließende Aufmerksamkeit. Sie ist die Bewegung solcher völligen Aufmerksamkeit.

Alle Beziehungen werden gänzlich umgestaltet, wenn Sie einmal diese Aufmerksamkeit erreichen. Die Beziehungen sind nicht mehr an das Ego gebunden, das seine Funktion einstellt. Keine Bewegungen werden mehr von einer Idee oder von Gedanken verursacht, sie folgen keiner äußeren oder inneren Richtung mehr, um materielle oder geistige Ziele zu erreichen. Sie sind so natürlich und mühelos wie Ihr Atem. Meditation ist also Handeln in totaler Stille des bewußten Geistes. Solche Stille bedeutet, daß das Bewußtsein mit einer gewaltigen Intensität und Tiefe arbeitet. Solange eine Handlung dem Gemüt entspringt, ist es eine unvollständige Handlung, und sie kann daher weder Intensität noch Tiefe haben. Jeder Bewußtseinsakt ist oberflächlich und erfordert nicht viel Energie. Es ist eine passive Tätigkeit in dem eingefahrenen Geleise «Empfindung – Interpretation – Reaktion».

Unterschiedene Wahrnehmung und intuitive Wahrnehmung sind auf leicht niederer Ebene, aber sind immer noch mit dem Ich-Bewußtsein verbunden. So ist es immer noch eine verfeinerte und subtile Leistung des Ichs. Mit anderen Worten: Die Existenz der Dualität ist darin eingeschlossen. Die Bewegung der Stille jedoch ist grundsätzlich keine Bewegung in Dualität.

Das Ich-Bewußtsein funktioniert einfach nicht. Jedes trennende Element verflüchtigt sich. Totale Energie, die die Quelle des Bewußtseins ist, bewegt sich in sich selbst.

Das Wort «bewegen» wird hier angewandt, um auf den dynamischen und kreativen Aspekt dieses reinen «Seins» hinzuweisen. In Wirklichkeit sind weder Raum noch Zeit vorhanden, in der sich die Energie bewegen könnte. Sogar der Begriff «Bewegung» ist an unser Auffassungsvermögen von heute gebunden, und dies ist das Ergebnis des Ich-Bewußtseins, das mittels der Sinnesorgane funktioniert.

Wie beginnt man?

Man muß begreifen, daß Meditation das ganze Leben einschließt, das physische wie auch das psychische. Bevor man nicht gewillt ist, sich einer völligen Wandlung in beiden Bereichen zu unterziehen, sollte man nicht daran denken, die meditative Lebensweise zu leben. Beginnen muß man mit der genauen Prüfung all dessen, was man in Verbindung mit seinem Körper und Geist tut. Diese Untersuchung muß gleichzeitig stattfinden. Der erste Schritt dazu ist die Kenntnis meines Körpers, die freundschaftliche Gesinnung ihm gegenüber ist der zweite. Die Bedürfnisse des Körpers befriedigen Sie auf wohlwollende Weise, aber Sie verwöhnen ihn nicht, Sie lassen sich nicht mehr an den Körper binden. Sie erlauben ihm nicht mehr, daß er Ihnen Befehle erteilt.

Ernährung

Bei der richtigen Ernährung müssen Sie die Qualität und auch die Quantität der Nahrung beachten sowie die Häufigkeit der Nahrungsaufnahme. Essen muß mit Appetit verbunden sein. Die Mahlzeiten dürfen keine Reizungen oder emotionale Störungen verursachen. Man muß friedlich und freudig essen. Man muß sehr darauf bedacht sein, daß alle Nahrung gänzlich verdaut wird. Der Körper darf nicht mit unverdauten Speisen belastet werden. Die Reinheit aller inneren Organe ist einer der wichtigsten Faktoren der Meditation.

Körperbefinden

Menschen mit physischen Beschwerden werden es schwierig finden, die Tiefe der Meditation oder völlige Bewußtheit aufrechtzuerhalten. Man muß sehr wachsam sein und darauf achten, daß Nerven- und Muskelsystem gesund und geschmeidig sind. Steifheit heißt Un-gesundheit. Man dürfte nicht zulassen, daß ein Körperteil degeneriert und steif wird. Mit richtigen Übungen kann man jede Faser des Körpers gesund erhalten. Gesundheit ist Schönheit.

Schlaf

Man muß darauf achten, wenigstens sechs Stunden nacheinander tief zu schlafen. Mindestens sechs Stunden Schlaf im Sommer und acht Stunden Schlaf im

Winter sind notwendig. Die beste Schlafenszeit ist zwei Stunden vor Mitternacht und die Stunde nach Mitternacht.

Selbsterziehung

I

Meditation verlangt eine Allgemeinerziehung. Erwachsene finden es ziemlich schwierig, selbständig zu lernen. Sie lassen sich lieber zu bestimmten Vorschriften, Methoden oder Techniken zwingen. Mit anderen Worten, sie verlangen nach etwas Autorität. Meditation jedoch bedeutet Selbsterziehung. Sie bedeutet die eigene Entdeckung vom Sinn des Lebens. Ein Mensch, der entdecken möchte, lernt von allem und jedem, ohne von etwas oder jemandem abhängig zu sein. Selbsterziehung fordert:

- die wachsame Sensitivität eines Kindes,
- die Bescheidenheit eines forschenden Gelehrten, der versucht zu lernen und zu entdecken, ohne sein subjektives Verhalten und Reagieren in den Prozeß des Forschens zu verwickeln,
- das Verantwortungsgefühl, dem Gelernten entsprechend zu leben, ohne Rücksicht auf Konsequenzen. Wahrheit will gelebt sein. Jemand, der die Wahrheit propagiert oder sie organisiert, fällt unverkennbar aus dem Rhythmus von Totalität.

Wenn man sich selbst erziehen möchte, muß man herausfinden, was das Wichtigste im Leben ist. Im Wichtigsten die Reihenfolge aufzudecken und Zeit und Energie dementsprechend anzupassen, ist lebensnotwendig. Im allgemeinen vergeuden wir die Energie mit unnötigen, zweitrangigen Dingen. Diese sträfliche Verschwendung hat uns bis zum Tagesende müde und verstört gemacht. Ein übermüdeter und gefühlsgestörter Mensch kann nicht tief schlafen. Man vergeudet die geheiligte Nachtruhe und beginnt den nächsten Tag mit einem trägen Körper und lethargischem Geist. Man muß zusehen, die kostbare Energie nicht unverantwortlich zu vergeuden. Die Energie, die uns in der Kindheit und Jugend mitgegeben wurde, ist unser Kapital. Sie muß sorgfältig und bedachtsam bewahrt und angewandt werden. Mit jeder Bewegung von Körper, Geist und Sprache wird Energie verbraucht. Jeder Gedanke, jedes Gefühl und jede Gedankenvorstellung verzehrt Lebenskraft. Jedes ausgesprochene Wort verbraucht Lebenskraft.

Selbsterziehung beginnt mit der Beobachtung, wie wir die Energie anwenden, und wir müssen lernen, sie nicht durch Folgendes zu vergeuden:
– Aufregung
– Hast
– Sorge
– Neid
– Ehrgeiz
– Selbstmitleid
– Angst
– Klatsch
– Neigung, andere zu beurteilen

II

Wir müssen als Nächstes lernen, alles sorgfältig und mit Präzision zu tun. Das ist wissenschaftliches Handeln. Was man mit Präzision ausführt, macht man auf natürliche und schönste Art und Weise. Schönheit und Gründlichkeit entspringen der Sorgfalt. Wirksame Handlung erfordert ein Minimum an Energie und Zeitverbrauch. Die Kunst und Wissenschaft des Handelns kann erlernt werden, wenn man aufmerksam und wachsam ist. Und wenn man die Kunst der Sorgfalt gelernt hat, muß man seine Aufmerksamkeit darauf konzentrieren, das Notwendige zur erforderlichen Zeit zu unternehmen. Das Hinausschieben ist die Saat für Unruhe, Angst und Sorge. Richtiges Handeln im richtigen Moment erspart eine Menge mentaler Anstrengungen. Die Gewohnheit des Aufschubs von physischer Tätigkeit kristallisiert sich und entstellt die rechte Wahrnehmung. In psychischen Belangen ist es das gleiche. Das Herauszögern von Entscheidungen, mit Faulheit in gewissen Situationen zu reagieren und sonstige neurotische Tendenzen wachsen auf dem Boden des Aufschubs. Dieses Hinauszögern von Reaktionen hinterläßt im Bewußtsein einen Rückstand. Die objektive Herausforderung degeneriert zu einem subjektiven Problem. Das erzeugt Spannungen und Konflikte. In jungen Jahren ist der Mensch meistens rücksichtslos; er glaubt, es sei das Privileg von Jugend, sich impulsiv und gedankenlos aufzuführen. In den mittleren Jahren wird er langsam, träge und paßt sich an. Im Alter verliert er das konstruktive Interesse am Leben. Auf diese Weise lebt ein Mensch nie wirklich. Er schiebt das Leben auf. Dem gegenwärtigen Moment weicht er immer aus.

Meditation heißt: Der Ewigkeit im gegenwärtigen Moment begegnen – jedes Problem lösen, wie es kommt – Lösen von jeder Spannung, die sich einschleichen will – jedem Lebensanruf sich furchtlos stellen.

Meditation ist ein entspanntes Handeln. Nur der

entspannte Mensch kann aus seinem ganzen Sein handeln. Spannungen, Angst und Sorgen erzeugen Hemmungen. Ein Mensch, der ständig in Konflikt und Spannung lebt, sucht die Entspannung außerhalb seines täglichen Lebens. Er sucht die Stille außerhalb seiner selbst. Er sucht Vollkommenheit außerhalb seiner täglichen Beziehungen. Wir müssen achtsam sein, nicht das Opfer solcher unheimlicher Versuchungen zu werden. Die täglichen gewohnheitsmäßigen Beschäftigungen und Beziehungen zu durchschauen, sie zu verstehen und durch dieses Verständnis eine Wandlung durchzumachen, das ist die kreative Weise von Meditation. Darum nennen wir es totale, all-einschließende Aufmerksamkeit.

III

Völlig bewußt zu sein, ist nicht leicht. Es ist nicht leicht, auf alles so zu schauen, daß es in seiner Totalität wahrgenommen werden kann. Wir sind nicht daran gewöhnt. Bewußt zu sein ohne Anstrengung hat uns niemand beigebracht. Wir können nicht in «Leere» leben, denn jeder Moment, in dem wir nicht schlafen, ist angefüllt mit egozentrischem Beschäftigtsein. Ich würde einem Menschen, der sich für die Meditation interessiert, vorschlagen, jeden Tag etwas Zeit in völliger Stille zu verbringen.

Man muß mit der Enthaltung von physischer und psychischer Tätigkeit anfangen. Zu Beginn sollte man versuchen, dem Atemrhythmus zu folgen. Die Stütze des Atemrhythmus kann dazu benutzt werden, die Aufmerksamkeit vom Prozeß «Gedanken-Erinnerung-Reaktion» abzulenken. Wenn die Aufmerksamkeit nach innen gerichtet wird, gewinnt die Ruhe die Oberhand. Man entspannt sich, sobald der Gedankenprozeß ein Ende hat.

Der erste Zusammenstoß mit einer solchen Erfahrung von Leere ist meistens verwirrend. In jeder Sekunde möchte der Geist, daß sich etwas ereignet. Er möchte es spüren, wie er eine Erfahrung macht, und er fühlt sich erdrosselt, wenn die Stille auf ihn einwirkt.

Man muß die Bewegung des Geistes beobachten ohne Zwang oder Unterdrückung. Diese Phase von Ersticken, Verwirrung und Leere muß erlebt werden. Sie ist eine unvermeidliche Erfahrung der Einsamkeit, die jeder in seinem Leben einmal durchmachen muß.

IV

Wenn man die physischen Übungen wie auch die Stunde der Stille am Morgen einhalten kann, beginnt man den Tag auf rechte Art und Weise. Man beginnt den Tag in Ruhe, Frieden und Gelassenheit. Das alltägliche Leben ist das einzige Leben, von dem wir etwas wissen. Es muß voll und auf gesunde, vernünftige Weise gelebt werden. Daß man die täglichen, gewohnheitsmäßigen Beschäftigungen auf friedliche Art erledigen kann, findet man in ein paar Wochen heraus. Herausforderungen stellen sich ein, Mühseligkeiten bedrücken uns, aber wir reagieren aus Bewußtheit und Erkenntnis.

Ich möchte darauf hinweisen, daß mit dem Wachstum von geistiger Gesundheit, Frieden und Ausgeglichenheit manche latente psychische Kräfte sich zu entwickeln beginnen. Okkulte Kräfte manifestieren sich. Hellhören, Hellsehen, Telepathie, Heilkräfte, Vorahnungen, Magnetismus und dergleichen beginnen sich ohne bewußtes Zutun des Einzelnen zu manifestieren. Wenn man bei diesen Kräften hängen bleibt und sie in irgend einer Absicht ausnutzt, wird alles verdorben. Man muß sie beobachten und vorbeigehen lassen. Sich von psychischen Kräften konditionieren zu lassen, ist dumm und sinnlos.

Andererseits kann die Wiederkehr in das Alltagsleben nach dem täglichen Eintauchen in die tiefe Stille ziemlich unerfreulich sein, wenn es nicht in richtiger Weise unternommen wird. Sorgen Sie dafür, daß der Geist nicht von der Stille absorbiert wird. Wenn man Stille mit dem denkenden Bewußtsein erfährt, ist man auf falscher Fährte. Es bleibt bruchstückhafte Handlung. Das Reich der Stille öffnet sich nur, wenn der Erfahrende aufhört zu sein. Wenn man also Schwierigkeiten hat, an die tägliche Arbeit zurückzukehren, muß man sich darüber klar sein, daß man ganz und gar nicht in der Stille war. Man hat nur mit der Abwesenheit von Handlung gespielt. Fühlt man sich betäubt und erschöpft nach der Stunde der Stille, war man ganz und gar nicht in der Stille. Spontaner Stillstand des Bewußtseinsaktes setzt völlig neue und dynamische Kräfte frei. Stille steigert die Sensitivität des ganzen Seins. Das Nervensystem wird auf erstaunliche Weise erfrischt. Wie Sie sich völlig regeneriert nach tiefem und unbelastendem Schlaf fühlen, so fühlen Sie sich völlig erneuert, wenn Ihr Ego in der Stunde der Stille seine Funktion eingestellt hat.

V

Wer nicht ohne eine Hilfe zur spontanen Stille des gesamten Bewußtseins kommen kann, kann das Beobachten vom Atemrhythmus als Stütze nehmen. Aber notwendig ist es nicht, und man hat nicht das Recht, von dieser Hilfe für längere Zeit abhängig zu sein. Man muß selbst feststellen, ob man Selbstvertrauen durch diese Hilfe erlernen kann oder nicht. Einfache Beobachtung des Atemrhythmus gipfelt innerhalb weniger Wochen in der Stille und in völliger Bewußtheit.

Es müßte ferner durch die Stunde der Stille möglich sein, während des ganzen Tages in Bewußtheit zu leben. Die Wirkung erfährt man anfangs als Veränderung der Beschaffenheit des Lebens.

Später wird diese veränderte Qualität zur immerwährenden Dimension. Man erreicht ein Stadium, wo die Stunde der Stille nicht mehr zugeteilt werden muß, denn jetzt sind alle vierundzwanzig Stunden des Tages zur Stunde der Stille geworden. In der neuen Dimension des Lebens benutzt man die mentalen Fähigkeiten nur, wenn es nicht zu vermeiden ist. Man schwimmt nicht mehr im «Ozean der Gedanken». Man lebt in einer unermeßlich tiefen Stille. Man benutzt die Sprache nur, wenn sie nicht zu vermeiden ist. Mißbrauch der Sprache verzehrt ebenso viel Lebenskraft wie der Mißbrauch von sexuellen Kräften. Man ißt nur so oft, wie es notwendig ist, um den Körper gesund zu erhalten. Man ißt nur das, was Körper und Geist gesund und schön macht. Den Mißbrauch des Gaumens kann man für die meisten physischen Unpäßlichkeiten verantwortlich machen. Man reagiert auf eine Begebenheit in Frieden und Gelassenheit, einem Menschen gegenüber in Zuneigung und Freundschaft. Stimmungsmäßige Reaktionen entstellen und verzerren unsere Antworten nicht. Die Antwort ist nicht mehr im Denken und Fühlen verwurzelt, sondern im ganzen Sein. Familienverantwortung und soziale Verpflichtungen werden mit Leichtigkeit und Eleganz ausgeführt, sie

sind nicht mehr der Ausdruck von Eitelkeit und Selbstmitleid. Sie sind wie das Ein- und Ausatmen: natürlich, mühelos und regenerierend. So ist Meditation völlige Hingabe an jede Beziehung. Sie ist die dynamische
Bewegung der totalen Stille des Egos. Sie ist Bewegung
von ungehinderter Freiheit. Sie ist Bewegung aus
schrankenloser Gelöstheit.

Es ist einem ernsthaften Menschen möglich, durch
Selbsterziehung und Wachsamkeit in die Reife der Meditation zu wachsen.

Weitere Werke aus dem Origo Verlag Bern:

MEDITATIONS-SUTRAS
DES MAHAYANA-BUDDHISMUS

Herausgegeben von Raoul von Muralt.
Vorwort von Lama Anagarika Govinda

Band 1:
Diamant-Sutra. Vertrauenserweckung.
Dhyana für Anfänger
3. Auflage. 341 Seiten, kartoniert

Band 2:
Die Lehre des Huang Po vom Universalbewußtsein.
Dialoge des Huang Po mit seinen Schülern.
Der Weg der blitzartigen Erleuchtung von Hui Hai.
3. Auflage. 183 Seiten, kartoniert

Band 3: Wei-Lang
SUTRA DES SECHSTEN PATRIARCHEN

Herausgegeben von Raoul von Muralt. Vorwort von Lama
Anagarika Govinda (Mâhâyâna-Buddhismus, Band 3)
149 Seiten, kartoniert

Bitte verlangen Sie den vollständigen Katalog

ORIGO VERLAG BERN
Rathausgasse 30, CH-3011 Bern/Schweiz